CODE

DES MAIRES

ET ADJOINTS;

Suivi d'un Recueil chronologique des lois, arrétés, instructions et lettres ministérielles, concernant leurs fonctions.

TOME PREMIER.

A PARIS,

Chez NICOLLE, rue du Bouloy, n°. 56; et chez LE NORMANT, rue des Prêtres S. Germain-l'Auxerrois, n°. 42.

An VIII, 1800.

Pendant l'impression de cet ouvrage, les consuls ont pris un arrêté pour révoquer celui par lequel les bons de réquisition étoient admis en payemens des contributions. (Voyez l'arrêté, à la fin du second volume.)

Nota. L'agence des contributions publiques ayant été supprimée, il se trouve une lacune nécessaire de quatre pages, dans la première feuille du premier volume.

DISCOURS
PRÉLIMINAIRE.

L'INSTITUTION des *Maires et Adjoints* n'est pas une de ces institutions soumises à la versatilité des circonstances ; sa durée est garantie par la *Constitution* même, dont elle tient son origine.

La *Mairie* qui, au premier aspect, ne présente qu'une magistrature foible et subalterne, acquiert beaucoup plus d'importance par l'examen approfondi de ses fonctions.

Ses fonctions *constitutionnelles* embrassent l'*état civil* des citoyens, la *naissance*, les *mariages*, les *adoptions*, le *divorce*, la *sépulture*, la *répartition* des *contributions*, les *patentes*, les *droits d'entretien de routes*, la *salubrité*, la *tranquillité*, la marque sur les ouvrages d'orfé-

vrerie, le *timbre*, la *chasse*, la *pêche*, l'*exercice du culte*, etc. etc.

Les attributions du *Maire* s'étendent
même au - delà des fonctions administratives, pour participer aux fonctions *judiciaires*.

C'est ainsi qu'en matière de droits d'*entretien de routes*, la loi lui confère la jurisdiction suffisante pour décider les contestations qui s'é èvent aux *barrières*, sur l'exécution du *tarif*. Il jouit de la même compétence au sujet des altercations qui ont lieu
entre les *voyageurs* et les *postillons*.

Sur des matières plus graves, telles que
les attaques de voitures sur les routes ou
voies publiques, ou de vols commis avec
effraction ou escalade dans les maisons habitées, ou de rassemblemens séditieux, il
partage avec le juge-de-paix le droit de décerner des *mandats d'amener*.

C'est encore ainsi, qu'en matière de fabrication et de distribution de *fausse mon-
naie*, il est autorisé à faire toutes les per-

quisitions et recherches, à saisir les pièces de *conviction*, et à faire mettre les prévenus en *état d'arrestation* : sa compétence s'étend même au-delà des limites de son territoire, et il lui est permis de continuer au-dehors les opérations qui ont commencé dans sa *commune*.

Des fonctions aussi multipliées le tiennent toujours en *rapport* avec d'autres *fonctionnaires publics*, tels que le *préfet*, *sous-préfet*, le juge-de-paix du canton, le directeur du jury, les officiers de la gendarmerie nationale, les gardes champêtres et forestiers, les commissaires répartiteurs de la contribution foncière de la commune, les employés au bureau de garantie de la marque des ouvrages d'or et d'argent, les administrateurs de l'hospice civil le plus voisin, etc.

C'est par conséquent, un devoir indispensable pour le *Maire* d'être instruit de la *compétence* respective de chacun de ces *fonctionnaires*, et de connoître la ligne de démarcation qui les sépare. Il doit connoître ce qui lui est défendu par la loi aussi bien que ce qui lui est ordonné ; les cas où il doit agir, comme ceux où il doit rester dans l'inaction ; enfin les démarches qui sont de stricte obligation, et celles qui sont laissées à sa prudence et à l'indication des circonstances.

La FONCTION de *Maire* est donc un état de vigilance perpétuelle pour le bien de la chose publique. Nous pourrons même ajouter, pour son intérêt personnel ; car cette fonction n'est pas exempte des risques de la *responsabilité* ; et à côté des témoignages de confiance que la loi lui prodigue, se trouve fréquemment la *destitution*, l'*amende* et l'*emprisonnement*.

Nous avons senti la nécessité d'un ouvrage *élémentaire*, qui rassemblât tout ce qui est relatif aux fonctions de *Maire* et des *Adjoints*.

L'ordre alphabétique a paru préférable, afin que le lecteur eût la facilité de trouver sans peine l'*article* qui l'intéresse.

On y a joint les dispositions textuelles des principales loix *citées* dans l'ouvrage, pour assurer la marche du *Maire* et de ses *Adjoints*, en le mettant à portée de vérifier les *citations*, et de les transporter lui-même, au besoin, dans ses *procès-verbaux*.

Les *Instructions* émanées du *Corps législatif*, les *Arrêtés du Directoire*, les *Circulaires des Ministres*, sont encore une portion précieuse de cet ouvrage.

La loi du 28 pluviose an **VIII**, qui détermine la division du territoire de la République et la composition des nouvelles autorités administratives, s'exprime ainsi dans le §. III, ayant pour titre *Municipalités*.

« Dans les villes, bourgs et autres lieux
» pour lesquels il y a maintenant un agent
» municipal et un adjoint, et dont la popu-
» lation n'excèdera pas 2,500 habitans, il
» y aura un maire et un adjoint ; dans les
» villes ou bourgs de 2,500 à 5,000 habi-
» tans, un maire et deux adjoints ; dans
» les villes de 5000 habitans à 10,000,

» un maire , deux adjoints et un commis-
» saire de police ; dans les villes dont la
» population excèdera 10,000 habitans ,
» outre le maire , deux adjoints et un com-
» missaire de police , il y aura un adjoint
» par 20,000 habitans d'excédant , et un
» commissaire de police par 10,000 d'ex-
» cédant. (*Art. XII.*)

« Les maires et adjoints rempliront
» les fonctions administratives exercées
» maintenant par l'agent municipal et l'ad-
» joint : relativement à la police et à l'état
» civil, ils rempliront les fonctions exer-
» cées maintenant par les administrations
» municipales de canton, les agens muni-
» cipaux et adjoints. (*Art. XIII.*)

« Dans les villes de 10,000 habitans
» et au-dessus , il y aura un maire et un
» adjoint, à la place de chaque adminis-
» tration municipale : il y aura de plus
» un commissaire général de police, au-
» quel les commissaires de police seront
» subordonnés, et qui sera subordonné

» au préfet. Néanmoins il exécutera les
» ordres qu'il recevra immédiatement du
» ministre chargé de la police. (*Article*
» *XIV.*)

» Il y aura un conseil municipal dans
» chaque ville, bourg ou autre lieu pour
» lequel il existe un agent municipal et
» un adjoint.

» Le nombre de ses membres sera de
» dix, dans les lieux dont la population
» n'excède pas 2,500 habitans ; de vingt,
» dans ceux où elle n'excède pas 5,000 ;
» de trente, dans ceux où la population
» est plus nombreuse.

» Ce conseil s'assemblera chaque année
» le 15 pluviose, et pourra rester assem-
» blé quinze jours.

» Il pourra être convoqué extraordinai-
rement par ordre du préfet.

» Il entendra, et pourra débattre le
» compte des recettes et dépenses munici-
» pales, qui sera rendu par le maire au
» sous - préfet, lequel l'arrêtera définiti-
» vement.

» Il réglera le partage des affouages, pâ-
» tures, récoltes et fruits communs.

» Il réglera la répartition des travaux
» nécessaires à l'entretien et aux répara-
» tions des propriétés qui sont à la charge
» des habitans.

» Il délibérera sur les besoins particu-
» liers et locaux de la municipalité, sur les
» emprunts, sur les octrois ou contribu-
» tions en centimes additionnels qui pour-
» ront être nécessaires pour subvenir à ses
» besoins, sur les procès qu'il conviendra
» d'intenter ou de soutenir pour l'exercice
» et la conservation des droits communs.
» (*Art. XV.*)

EXTRAIT du discours du citoyen Rœderer,
*Conseiller d'Etat, en réponse au discours
du citoyen* Daunou, *sur la nouvelle organisation administrative.*

L'*usage*, depuis la Constitution de l'an III,
a été de dire que la France n'avoit que deux
dégrés d'administration ; *l'administration*

centrale de département et les municipalités de canton.

Cependant, outre ces deux dégrés d'administration, il y avoit dans chaque commune une *agence municipale*, composée d'un *agent* et d'un *adjoint*. L'usage ne reconnoissoit donc pas cette agence pour un dégré d'administration.

Cela posé, s'il alloit être prouvé que les maires et adjoints . . . . . n'ont pas de fonctions d'une autre nature que celles des agens et adjoints de la Constitution de l'an III, il seroit, ce semble, assez clair que l'usage ne permet pas d'appeler les municipalités proposées un troisième dégré d'administration.

Voyons donc quelles sont les fonctions des municipalités proposées.

L'article XIII du projet les détermine très-précisément.

La première partie de cet article est ainsi conçu : *Les maires et adjoints rempliront les fonctions administratives exercées maintenant par l'agent municipal et l'adjoint.*

Sans rappeler ici les fonctions vraiment *administratives* des agens et adjoints, notamment la grande et importante fonction d'asseoir et répartir, avec cinq notables, les contributions directes, nous demandons si cette première disposition du projet fait autre chose que confirmer, pour le maire et l'adjoint, ce qui existe pour l'agent et l'adjoint ?

Jusqu'ici qu'y a-t-il de changé ? Rien que le nom d'*agent* en celui de *maire*. Les fonctions sont les mêmes ; mais achevons l'article.

Relativement à la police et à l'état civil, ils (les maires et adjoints) rempliront les fonctions exercées maintenant par les administrations municipales de canton, les agens municipaux et adjoints.

C'est ici, sans doute, qu'on a cru voir une grande ampliation de pouvoirs. Sans doute il y a ici augmentation de pouvoirs, mais non pouvoirs d'*une autre nature* ; il y a addition au pouvoir du même dégré, et non un dégré de pouvoir de plus. Quelques mots de détail feront sentir cette vérité.

Relativement à l'*état civil*, dit d'abord le projet, ils rempliront les fonctions exercées maintenant par les administrations municipales de canton. Quelles sont les fonctions maintenant exercées par les administrateurs de canton d'une part, et par les agens municipaux ? La célébration des mariages seule appartient à la municipalité. Le projet de loi n'attribue donc que ce seul objet aux maires et adjoints. Il est de grande importance, va-t-on dire, cet objet des mariages! Sans doute, mais il n'est pas d'une grande difficulté, et ce n'est pas une innovation bien téméraire d'en charger les maires et adjoints, puisque les *agens municipaux*, décorés par la loi du titre d'*officiers publics de l'état civil*, ont constamment été chargés de la célébration des mariages, depuis l'an III, jusqu'au premier vendémiaire de l'an VII, époque où l'article IV de la loi du 13 fructidor an VI, en a chargé le président de l'administration municipale de canton. Il doit donc paroître assez clair maintenant qu'à l'égard de l'*état civil*, le projet de loi, comme nous le disions, augmente le pouvoir des maires et adjoints, mais n'en donne pas un dégré de plus. En effet, quand les agens célébroient les mariages, il y a deux ans, trois ans, quatre ans, l'*usage* ne donnoit pas plus qu'aujourd'hui à leurs fonctions, le titre de *troisième dégré d'administration*. Donc, quand nous proposons de confier la célébration des mariages aux maires et adjoints, nous ne changeons pas leurs fonctions en un troisième dégré d'administration.

Reste à voir ce que nous leur attribuons *relativement à la police*, en leur donnant les fonctions des administrations municipales.

Nous ne leur attribuons encore rien d'extraordinaire.

Tout le monde sait que la police se divise en deux branches : savoir, la police administrative et la police judiciaire.

La première a pour objet (suivant la loi du 3 brumaire an 4, article XIX) « de maintenir habituellement l'ordre pu-

» blic dans chaque lieu et dans chaque
» partie de l'administration ; elle tend
» particulièrement à prévenir les délits.

» La police judiciaire recherche les
» délits que la police administrative n'a
» pu empêcher, en rassemble les preuves
» et en livre les auteurs aux tribunaux
» chargés par la loi de les punir. » (*Loi
du 3 brumaire*, art. 20.)

Cela posé, à qui appartient maintenant l'exercice de ces deux polices ?

La *police administrative* appartient toute
entière aux agens municipaux et officiers
de police ; donc le projet de loi ne donne
encore aucune autorité nouvelle à cet égard
aux maires et adjoints. Quant à la police
judiciaire, elle appartient, et le projet la
laisse au *tribunal de police municipale*, qui
n'a rien de commun avec la *municipalité de
canton*. Mais le commissaire établi près de
la municipalité a, jusqu'à présent été un
intermédiaire entre l'agent et ce tribunal,
et le projet, en substituant le maire et l'adjoint aux *administrations municipales de can-*

ton, dont le commissaire est considéré comme partie, leur donne le pouvoir nouveau de déférer directement aux tribunaux de police municipale, les délits de leur compétence. Expliquons ceci. L'article 29 de la loi du 3 brumaire, chargeoit seulement l'agent municipal de dénoncer au commissaire du pouvoir exécutif près de l'administration municipale, les contraventions et délits de police municipale, et ce commissaire les renvoyoit au *tribunal de police municipale*. Aujourd'hui, attendu l'aggrandissement des arrondissemens communaux, et l'éloignement des sous-préfets, pour les extrêmités du territoire, nous proposons d'autoriser le maire et ses adjoints à dénoncer immédiatement les délits de police municipale au tribunal qui doit les juger, au lieu de les dénoncer à un commissaire d'arrondissement. Voilà toute l'innovation dont le Gouvernement propose la sanction. Certes, ce n'est pas là étendre outre mesure l'autorité municipale, et on ne s'étonnera guères d'une telle attribution, quand on considérera que le maire, remplaçant l'agent municipal, sera, comme lui, chargé, dans nombre de cas déterminés par la loi, de remplir les fonctions d'officier de *police judiciaire*, et de renvoyer tantôt devant le juge de paix, tantôt devant le directeur du jury immédiatement, les prévenus de crimes, et les procès-verbàux qu'il faudra dresser contr'eux.

Toutes les ampliations de pouvoir que le projet propose pour les municipalités, se réduisent, comme on voit, à rien. Ces municipalités proposées ne sont que les agences municipales sous un autre nom. Si donc les anciennes fonctions des agens et adjoints n'étoient pas réputées un *trois:ème étage* d'administration, il est impossible d'appeler raisonnablement de ce nom celles que le projet propose d'imposer aux maires et adjoints.

Le projet, dit-on, n'apprend pas clairement quelles seront les fonctions diverses ou communes des maires et adjoints. ——Les

mêmes que celles des agens et adjoints, puis-
qu'ils les remplacent.

Le projet, dit-on, laisse ignorer les rapports qui existeront entre les maires et leurs
adjoints. —— Ce sont les mêmes qu'entre les
agens et adjoints ; car, quand on substitue
les maires et adjoints aux agens et adjoints
pour l'exercice des fonctions de ceux-ci,
il est très-clair qu'ils conservent leurs rapports de suppléance ou de subordination.

TABLEAU

DES

FONCTIONS ET ATTRIBUTIONS

DES MAIRES ET ADJOINTS

REMPLAÇANT LES AGENS

ET ADJOINTS MUNICIPAUX.

ABSENCE.

LE foin de veiller à la culture des terres & à la confervation de la récolte appartenant aux abfens, impofé par la loi fur la police rurale, eft du reffort des maires et adjoints. *Loi du 28 feptembre. — 6 octo!re 1791, tit. II, f.ct. V, art. 1.*

Il eft du devoir des maires, dans les communes où ne réfident pas des juges de paix, de prévenir les vols & la dilapidation des effets laiffés à des pupilles, à des mineurs & à des abfens, par leurs parens décédés ; vols & dilapidations qui fe commettent journellement dans les commu-

A

nes, par le défaut d'appoſition de ſcellés ſur les effets des défunts.

Le maire d'une commune où ne réſide pas un juge de paix, eſt tenu de donner avis, ſans aucun délai, au juge de paix réſidant dans le canton, ou, à ſon défaut, à ſon aſſeſſeur le plus voiſin, de la mort de toute perſonne de ſon arrondiſſement, qui laiſſe pour héritiers des pupilles, des mineurs ou des abſens. *Arrêté du directoire exécutif, du 22 prairial an V, art. 1.*

Les maires & adjoints qui négligeront cette partie importante de leurs devoirs, feront dénoncés au préfet de leur département, qui prononcera leur ſuſpenſion. *Voyez ſuſpenſion.*

Par la loi du 6 brumaire an V, les propriétés des défenſeurs de la patrie & des autres citoyens abſens pour le ſervice public, ſont miſes ſous la ſurveillance des maires & adjoints de chaque commune; il leur eſt enjoint, ſous leur reſponſabilité perſonnelle, de dénoncer au ſous-préfet les atteintes qui pourroient être portées à ces propriétés, et le ſous-préfet eſt tenu de pourſuivre en indemnité devant les tribunaux, les communes qui n'auroient pas prévenu ou repouſſé ces atteintes, conformément aux loix exiſtantes. *Loi du 6 brumaire an V, art. 7.*

ACCIDENS.

On entend ici sous le nom d'accidens, toutes les espèces d'évènemens désastreux, qui compromettent la sûreté et la propriété des habitans d'une commune; tels que incendie, inondation, écroulement des terres, chute d'édifices, invasion des brigands ou des ennemis, épizootie, épidémie, &c.

Le devoir du maire est d'accourir à la première nouvelle du danger, de provoquer tous les secours que les circonstances & les localités peuvent fournir; d'appeler au salut de la chose commune, l'assistance des citoyens qui sont en état d'être utiles, et d'exercer une espèce de réquisition autorisée par la loi. Il doit ensuite dresser son procès-verbal, et faire mention des individus qui ont refusé d'apporter du secours, afin que le sous-préfet exerce contr'eux l'action que la loi a introduite en pareil cas. *Loi du 10 vendémiaire an IV, tit. 5, art. 2.* Voyez *secours*.

Il doit également dénoncer au sous-préfet, les individus qui, par l'infraction des réglemens de police, auroient été la cause de l'accident. Voyez *animaux furieux*.

A C Q U I S I T I O N S.

Les communes ne peuvent faire d'acquisitions qu'avec l'autorisation du corps législatif. *Loi du 5 août 1791 , art. 7.*

Cette autorisation ne s'obtient que sur la provocation des consuls qui n'adoptent cette mesure que sur l'avis des conseils municipaux, suivi d'un rapport du ministre de l'intérieur.

La loi qui accorde cette autorisation, énonce en même-tems le mode qui doit servir au paiement de l'acquisition. Quelquefois il s'opère à l'aide d'une imposition sur la commune ; d'autres fois le paiement est pris sur les fonds destinés aux dépenses locales.

A C T E S.

Les maires & adjoints , en leur qualité d'officiers de l'état civil, reçoivent, chacun dans son arrondissement, les actes de naissance, de divorce, de décès et d'adoption ; ils ont aussi occasion de recevoir des déclarations , de délivrer des certificats , de rédiger des procès-verbaux, &c.

Dans tous ces actes, ainsi que dans les expéditions & extraits qu'ils délivrent, ils leur eſt défendu de déſigner les citoyens, autrement que par le nom de famille & ſans aucun ſurnom qui puiſſe rappeler des qualités féodales ou nobiliaires, ſous peine de deſtitution, & d'une amende égale au quart de leur revenu. *Loix des 8 pluviose & 6 fructidor an II*, art. 4.

Il leur eſt également défendu d'inſérer dans la rédaction de leurs actes, & ſur les regiſtres, aucunes clauſes, notes ou énonciations, autres que celles contenues aux déclarations qui leur ſeront faites, à peine de deſtitution. *Loi du 20 ſeptembre 1792. Tit III, art. 21. Voyez état civil.*

Toutes perſonnes ſont autoriſées à ſe faire délivrer des extraits des actes de naiſſance de l'état civil, ſur les regiſtres courans, qui ſe trouvent entre les mains du maire; les extraits doivent être ſur papier timbré. *Même loi, tit. II, art. 18.*

Le maire eſt reſponſable de la conſervation de ces regiſtres. *Même loi. — art. 21. — Voyez déclaration, état civil.*

ACTIONS JURIDIQUES.

Le droit de ſuivre les actions qui intéreſſent uniquement les communes au-deſſous de cinq mille habitans, eſt confié aux maires de ces communes, et, à leur défaut à leurs adjoints. *Loi du 29 vendémiaire an V.*

Les maires & adjoints ne peuvent suivre aucune action devant les autorités constituées sans y être préalablement autorités par le préfet, après avoir pris l'avis du conseil municipal. *Même loi, art. 3.*

La loi du 29 vendémiaire an V, ni la constitution, n'ont prévu un cas qui peut néanmoins se rencontrer fréquemment : c'est celui d'une commune composée de plusieurs sections, hameaux ou écarts, qui, ayant le même intérêt collectif, ont néanmoins respectivement des intérêts opposés, soit pour cantonnemens de bois, soit pour bornemens de finage.

Comme chacune de ces sections a un droit égal à la protection du gouvernement, et qu'aucune d'elles ne doit être privée de défense, on demande quelle sera, en pareille circonstance, la conduite du maire ? De quel côté se rangera-t-il, & quel sera l'organe & l'instrument de la défense de l'autre partie ?

Cette difficulté s'étant présentée dans le département du Cantal, fut proposée au directoire exécutif, qui en fit la matière d'un message au conseil des cinq-cents, avec invitation de faire cesser promptement cette incertitude, par une loi précise. *Meſſage dù directoire exécutif, du 8 ventoſe an V.*

A D J O I N T S.

L'adjoint peut être conſidéré comme un auxiliaire fourni au maire, dans le cas d'abſence ou d'empêchement, ou ſur ſon invitation. *Loi du 21 fructidor an III, art. 2 et 3.*

Quoique l'adjoint n'ait de caractère & de qualités que ſecondairement, néanmoins en quelques circonſtances l'adjoint peut agir & procéder d'office & par le droit de ſa place.

Par exemple, les adjoints doivent être appelés par le conſeil municipal, pour aſſiſter au travail de la répartition à faire entre les communes, du contingent de la contribution foncière; mais ils n'y ont qu'une voix conſultative. *Loi du 3 frimaire an VII, art. 27.*

Le tableau de la répartition, qui eſt adreſſé au préfet, doit même faire mention de la convocation des adjoints, des maires, & que ceux qui s'y ſont préſentés ont été entendus.

L'adjoint eſt de droit un des ſept répartiteurs des contributions foncière, perfonnelle, mobiliaire & fomptuaire. *Loix des 3 frimaire an VII, art. 9, & 3 nivofe an VII, art. 1.*

L'adjoint eft de droit appelé, conjointement avec le maire, à la vifite domiciliaire, pour contravention à la loi concernant les poudres & falpêtres. *Loi du 13 fructidor an V, art. 26. Voyez affiftance, poudre.*

A D O P T I O N.

L'adoption eft une déclaration authentique, par laquelle un citoyen majeur reçoit dans fa famille un individu, pour y jouir de la qualité & des droits d'enfant adoptif.

Les effets de cette adoption ne font pas encore déterminés par la loi, & ce fera dans le code civil, que cette matière fera développée; mais en attendant, il eft reçu en principe que l'adoption doit avoir lieu. *Loix des 13 prairial an II, art 13, & du 16 frimaire an III.*

La déclaration doit s'en faire à l'officier public de l'état civil du lieu, lequel eft tenu d'en rédiger l'acte en la forme ordinaire.

C'eft donc aux maires que cette fonction appartient. Et comme le cas n'eft fréquent, il nous paroît utile de leur fournir le modèle d'un pareil acte qu'ils trouveront dans le second volume.

Une expédition de cet acte d'adoption doit être délivrée à chacune des parties; & la notice en doit être envoyée au sous-préfet, pour être proclamée dans la célébration de la prochaine fête décadaire. Voyez *fêtes décadaires*.

A D U L T È R E.

Le maire doit-il recevoir la déclaration d'une femme mariée qui s'accuse d'adultère ? Voyez *déclaration*.

A F F I C H E S.

Le maire, en sa qualité de commissaire de police, est chargé de veiller à ce que l'annuaire républicain soit ponctuellement & uniquement observé dans les affiches de toute espèce & dans les écriteaux annonçant les maisons à louer.

Il lui est même enjoint de faire arracher les affiches, & enlever les écriteaux qui porteroient l'indication de l'ancien calendrier.

En cas de négligence de sa part, il sera dénoncé au ministre de la police générale. *Arrêté du directoire exécutif, du 14 germinal an VI, art. 15. Loi du 23 fructidor an VI, art. 4.*

Il doit aussi veiller à ce que les affiches des particuliers soient timbrées et imprimées sur papier de couleur, le papier blanc étant réservé pour les affiches des actes émanés des autorités constituées ; & , en cas de contravention, dresser procès-verbal , & dénoncer les délinquans au sous-préfet. *Loix du 22 -- 28 juillet 1791, & 9 vendémiaire an VI, art. 56.*

Une loi des 10, 18, 22 mai 1791, art. 11, ordonne qu'il y ait, dans chaque municipalité, des lieux exclusivement destinés à recevoir les affiches des loix & actes émanés de l'autorité publique : cette désignation est une des attributions du maire.

Toute affiche imprimée doit porter le nom de l'auteur & l'adresse de l'imprimeur, à peine d'un emprisonnement correctionnel de six mois. *Loi du 28 germinal an IV, art. 2.*

Le maire qui trouve des affiches , sans nom d'auteur & sans adresse de l'imprimeur , dans l'étendue de son arrondissement , est donc autorisé à les arracher , & à les envoyer au sous-préfet.

Il doit user de la même surveillance à l'égard des affiches & placards, imprimés ou manuscrits, qui seroient injurieux au gouvernement, ou qui contiendroient une provocation à la revolte, ou au meurtre , ou au pillage. *Loi du 17 juillet 1791 ;* ou qui même préfenteroient le caractère d'une coalition entre ouvriers, pour hauffer le prix de leurs travaux, avec menace contre ceux qui refuferoient de s'y joindre. Voyez *coalition.*

Le maire eft encore tenu de faire enlever toutes affiches qui annonceroient la vente de marchandifes anglaifes, & de dénoncer cette contravention au juge de paix du canton. *Loi du 10 brumaire an V, art. 6.* Voyez *marchandifes anglaifes.*

Auffi-tôt que le maire eft inftruit qu'il exifte dans la commune une épizootie, il doit en inftruire tous les propriétaires de beftiaux de la même commune, par une affiche appofée aux lieux où fe placent les actes d'autorité publique.

Cette affiche doit contenir une injonction aux propriétaires de déclarer au maire, le nombre de bêtes à cornes qu'ils poffèdent, avec défignation d'âge, de taille, de poil, &c. Voyez *épizootie.*

Le maire doit faire publier & afficher la mife en recouvrement, après la confection des rôles des contributions perfonnelle, mobiliaire & fomptuaire de la commune, & ce n'eft qu'à compter de cette notoriété, que le rôle devient exécutoire, & que commence le délai de trois mois pour fe pourvoir en furtaxe ou en décharge.

Loi du 3 nivofe an VII, art. 57 et 60.
Voyez *rôle.*

Le maire eſt encore tenu de faire afficher l'adjudication au rabais de la perception des contributions foncière, perſonnelle, mobiliaire & ſomptuaire, qui forment le contingent de la commune. *Loi du 3 frimaire an VII, art. 128.* Voyez *percepteurs.*

Enfin, il y a lieu à l'affiche au ſujet des déclarations rurales qui ont pour objet d'obtenir une diſpenſe de contributions pour des marais deſſéchés, des terreins défrichés, &c.

Le procès-verbal de viſite faite par le maire ou l'adjoint, accompagné de deux des répartiteurs, doit être affiché pendant deux décades, tant dans la commune de la ſituation des biens déclarés, qu'au chef-lieu du canton, afin de mettre chacun à portée de conſtater la fidélité de la déclaration. *Loi du 3 nivoſe an VII, art. 119.* Voyez *déclaration rurale.*

Lorſque les répartiteurs procèdent au renouvellement d'une matrice de rôle, ils doivent diviſer le territoire de la commune en ſections diſtinguées chacune par une lettre alphabétique; & le tableau de ces ſections doit être, par les ſoins du maire, proclamé & affiché dans la commune. *Loi du 3 frimaire an VII, art. 38.* Voyez *contribution foncière, répartiteurs.*

AGRICULTURE.

L'inté êt de l'agriculture ne permet pas de laiffer à l'abandon les terres ou les récoltes de ceux qui, pour caufe d'abfence, ou d'infirmité, ou d'indigence, fe trouveroient hors d'état d'en prendre foin eux-mêmes. Les maires font chargés de cette efpèce de tutele, par la loi du 6 octobre 1791, dont voici la difpofition :

« La municipalité pourvoira à faire
» ferrer la récolte d'un cultivateur abfent,
» infirme, ou accidentellement hors d'état
» de la faire lui-même, & qui réc'amera
» fon fecours. Elle aura foin que cet acte
» de fraternité & de protection de la loi,
» foit exécuté aux moindres frais. Les ou-
» vriers feront payés fur la récolte de ce
» cultivateur. » *Loi du 6 octobre 1791,*
tit. I, fect. V, art. 1.

Lorfque le maire eft inftruit que des terres font reftées fans culture, foit parce qu'elles ont été abandonnées des propriétaires, foit à caufe de leur départ pour l'armée, foit pour toute autre raifon, il nomme des commiffaires pour en faire la vifite & en dreffer procès-verbal.

Enfuite il défigne, dans la commune,

des propriétaires, fermiers ou habitans, pour effectuer cette culture.

Si les cultivateurs manquent de bras, le maire peut requérir les journaliers et manouvriers de la commune, pour aider les laboureurs jusqu'après leurs femailles. Si les journaliers - manouvriers fé refufent, par malveillance, à aider les cultivateurs, moyennant leur falaire ordinaire, le maire doit les dénoncer au fous-préfet, et ce fonctionnaire provoquera contr'eux la peine de trois jours d'emprifonnement, qui fera prononcée par voie de police.

Après que les propriétaires, fermiers ou autres cultivateurs auront labouré & enfemencé leurs terres, ils font tenus de labourer & enfemencer celles des particuliers qui n'auront pas de chevaux, de mulets, de bœufs, ni d'inftrumens aratoires, en commençant par les terres des citoyens les moins fortunés ; ils ne pourront exiger, pour chaque façon, que le prix ordinaire.

Les frais de l'exploitation fe prennent fur la caiffe du receveur des impofitions du canton, en vertu d'un arrêté du confeil général de département ; et le remboursement fe prélève fur la vente de la récolte. *Loi du 16 feptembre 1793. Loix des 16 vendémiaire & 23 nivofe an II.* Voyez *abfens, fecours.*

A L I É N A T I O N.

Si les communes n'ont pas le droit de faire des acquisitions sans l'autorisation des autorités supérieures, on conçoit, à plus forte raison, qu'elles ont besoin des mêmes formalités pour aliéner leurs biens communaux.

Cette interdiction, qui avoit éprouvé quelques modifications par les loix du 10 juin 1793, & 24 août suivant, concernant le partage des biens communaux, a été de nouveau ratifiée en l'an V. *Loi du 2 prairial an V, art. 1 & 2.*

Quand donc une aliénation paroît convenable aux intérêts de la commune, (de quelques constructions ou pièces de terres) soit à titre d'échange, soit à titre de vente, c'est le maire qui est chargé de suivre cette opération, et même, au besoin, il est autorisé, par les droits de sa place, à la provoquer d'office ; mais dans tous les cas, l'aliénation des biens d'une commune exige les formalités suivantes :

D'abord, la demande en doit être formée auprès du conseil municipal du canton de la situation des biens, & communiquée au sous-préfet.

L'avis du conseil municipal est ensuite

a dressé au département, qui reporte la demande & les pièces qui viennent à l'appui au ministre de l'intérieur.

Celui-ci en fait le rapport aux consuls qui, s'ils approuvent l'aliénation, la proposent, par la voie d'un message, au tribunat, qui nomme une commission. Le tribunat énonce son vœu. La demande est ensuite portée au corps législatif qui adjet ou rejette l'aliénation.

A M E N D E.

1°. Il y a une amende de 100 francs contre le maire qui auroit prononcé le divorce & rédigé l'acte, sur les regiftres, fans avoir vérifié les délais, les actes & les jugemens exigés par la loi fur le divorce. *Loi du 20 feptembre 1792, tit. IV, fect. V, art. 9.* Voyez *divorce.*

2°. Cinquante francs d'amende, s'il a fouffert que le ban de moiffon, vendange ou fauchaifon, fût indiqué fous d'autres termes que ceux prefcrits par l'annuaire républicain. *Loi du 23 fructidor an VI, art. 1.* Voyez *annuaire.*

3°. Amende égale au quart de fon revenu, s'il a, dans quelque acte, extrait ou expédition, défigné les citoyens autrement que par leurs noms de famille, & avec quelque furnom qui rappelle des qualités féodales ou nobiliaires. *Loix des 8 pluviofe & 6 fructidor an 11, art 4.* Voyez *actes, annuaire, déclarations, deftitution, état civil.*

4e. Amende de 500 francs, s'il a l'indifcrétion de figner quelques délibérations, contrats ou rôle qui tendroient à établir une taxe forcée pour l'exercice d'un culte quelconque. Voyez *culte.* §. 3.

5°. Amende de 10 fr. pour la première fois, & de 20 en cas de récidive, s'il contrevient à la loi qui ordonne que des actes relatifs à l'état civil feront infcrits fur les regiftres doubles, de fuite & fans aucun blanc, & que les ratures & renvois foient approuvés & fignés, de la même manière que le corps de l'acte, fans abréviation ni date en chiffres. *Loi du 20 feptembre 1792, tit. 2, art. 4*

6°. Amende de 100 francs, en cas de contravention à l'art. 5 de la même loi (20 feptembre 1792) qui défend expreffément d'écrire les actes de l'état civil, fur feuilles volantes. *Même loi.*

7. Amende (indéterminée) dans le cas où le maire feroit mention dans les actes relatifs à l'état civil, de l'exécution des cérémonies religieufes, ou s'il exigeoit la preuve de l'obfervation de ces cérémo-

nies; ou enfin, s'il énonçoit dans ces actes, quelques attestations des ministres d'un culte. *Loi du 7 vendémiaire an IV, art. 18, 20 & 21.* Voyez *emprisonnement, état civil.*

8°. Amende de 50 francs pour contravention aux loix concernant l'indication des mesures républicaines dans les actes. *Loi du premier vendémiaire an IV, art. 9.* Voyez *mesures républicaines.*

9°. Amende de 50 francs contre le maire ou l'adjoint qui recevra en dépôt ou qui annexera à ses registres un écrit non enregistré, ou qui en délivrera extrait ou expédition. *Loi du 22 frimaire an VII, art. 41.* Voyez *assistance, enregistrement.*

ANIMAUX FURIEUX ET MALFAISANS.

Dès que le maire est instruit qu'il y a, dans le territoire de sa commune, un animal furieux ou malfaisant, il doit veiller à ce qu'il soit renfermé; il est responsable des accidens qui proviendroient de sa négligence à cet égard. *Loi du 24 août 1790, tit. 11, art. 3.*

Ceux qui contreviendroient aux ordres du maire, en laissant divaguer l'animal dont il auroit ordonné la réclusion, doivent être dénoncés par le maire au sous-préfet; sur cette dénonciation, le délinquant est condamné à une amende de 2 à 50 fr., sans préjudice des réparations & indemnités dues aux parties lésées. *Loi du 22 juillet 1791, art. 15. Voyez loups.*

ANIMAUX MORTS.

Les charognes & cadavres d'animaux, pouvant nuire à la salubrité de l'air, par leurs exhalaisons, il est expressément enjoint aux maires de les faire enfouir, dans la journée, à quatre pieds de profondeur.

Cet enfouissement doit s'effectuer dans le terrein même du propriétaire, & non dans celui de ses voisins ; ou bien il doit être fait dans un lieu désigné par le maire.

A défaut de se conformer à cette mesure de police, soit pour le délai, soit pour le lieu, soit pour la profondeur de l'enfouissement, le maire doit y faire procéder, aux frais & dépens du délinquant, auxquels il sera condamné par un jugement du tribunal de police municipale, avec une amende. *Loi du 6 octobre 1791, tit. 2, art. 13.*

Mais si l'animal est mort à la suite d'une maladie contagieuse, l'enfouissement doit être fait dans une fosse de huit pieds de profondeur, à cinquante toises au moins

des habitations. *Arrêté du directoire exécutif,
du 27 messidor an V. Voyez enfouissement.*

ANNUAIRE RÉPUBLICAIN.

Cette dénomination a été adoptée par la loi du 23 tructidor an VI, pour remplacer celle du calendrier.

Cette même loi défend d'employer dans les actes ou conventions, soit publiques, soit privées, aucune autre date, ni indication que celle tirée de l'annuaire de la république, à peine de 10 francs d'amende contre tout signataire particulier, & de 50 fr. contre tous fonctionnaires publics, notaires & employés de la république en contravention. Voyez *affiches, calendrier, foires & marchés. Locations.*

APOTHICAIRE.

Le maire est autorisé à faire, de tems en tems, sa visite dans les boutiques des apothicaires de son arrondissement, pour vérifier leurs médicamens, leur salubrité & leur poids.

En cas de médicamens gâtés, le délinquant sera dénoncé au commissaire du gouvernement près le tribunal correction-nel, où il subira la condamnation à 100 f. d'amende, d'amende, & d'un emprifonnement qui ne pourra excéder fix mois. *Loi du 22 juillet 1791, tit. 1, art. 29.*

Comme le maire manque ordinairement des connoiffances néceffaires pour faire une pareille vérification, il eft fous-entendu qu'il prendra le foin de fe faire affifter de perfonnes de l'art qui le mettront, par leurs éclairciffemens, à portée de faire un rapport circonftancié.

ARBRE DE LA LIBERTÉ.

Un décret de la convention nationale, dn 3 pluviofe an II, a ordonné que dans chaque commune il feroit planté un arbre de la liberté ; cet arbre eft fous la furveillance du maire qui doit dreffer un procès-verbal des dégradations qu'il éprouveroit.

Toute commune dans l'arrondiffement de laquelle un arbre de la liberté aura été abattu, eft tenue de le remplacer dans la décade, fauf à renouveller cette plantation, s'il y a lieu, par un arbre vivace, dans la faifon convenable. *Loi du 24 nivofe an VI, art. 3.*

La mutilation des arbres de la liberté, n'eft pas confidérée comme une fimple infraction de la police rurale. *Arrêté du directoire exécutif, du 22 germinal an IV.*

Ce délit est puni par quatre années de détention. *Loi du 24 nivose an VI, art. 4.*

A R E.

Ce terme est consacré par la loi du 18 germinal an III, pour exprimer une mesure primitive de superficie des terreins ; il équivaut à vingt-cinq toises quarrées. *Voyez hectares mesures républicaines.*

ARRESTATION.

L'arrestation est un acte de police qui demande beaucoup de circonspection de la part du maire : il y a de certaines occasions où cette mesure est prescrite par la loi, dans d'autres elle est seulement autorisée, & laissée à la prudence du maire. C'est donc à lui à distinguer ces nuances, afin de ne pas s'exposer au danger d'une responsabilité personnelle, pour avoir fait trop ou trop peu.

Le cas d'arrestation se présente sous deux rapports : celui de la police administrative, & celui de la police judiciaire.

Cas de police administrative.

Tout individu voyageant, & trouvé hors de son canton sans passe-port, peut être mis fur-le-champ en état d'arreftation, & détenu jufqu'à ce qu'il ait juftifié être infcrit fur le tableau de la commune de fon domicile. *Loi du 10 vendémiaire an IV, tit. 3, art. 6.*

A défaut de juftifier dans deux décades de fon infcription fur le tableau d'une commune, il fera réputé vagabond & fans aveu, & comme tel traduit devant les tribunaux compétens. *Ibid, art. 7. Arrêté du directoire exécutif, du 2 germinal an IV, art. 8. Voyez tableau de population, paffe-ports, voyageurs.*

Cas de police judiciaire.

Lorfque le juge de paix ne réfide pas dans la commune, il eft remplacé, pour la recherche des délits, par le maire; celui-ci eft donc tenu, en qualité d'officier de police judiciaire, de conftater les délits qui font commis dans fon arrondiffement, d'en dreffer procès-verbal, & de les dénoncer, foit au fous-préfet, foit au juge de paix, foit au directeur du jury, fuivant les cas. Il doit même faire arrêter les prévenus furpris en flagrant délit & pourfuivis à la clameur publique, & les faire conduire devant les juges de paix. *Loi du 3 brumaire an IV, art. 36.* **V**oyez *police.*

Il eſt autoriſé à faire ſaiſir les prévenus de fabrication ou diſtribution de fauſſes monnoies. Voyez *fauſſe monnoie.*

A décerner des mandats d'amener pour fait de vols commis à force ouverte, ou par violence ſur les routes & voies publiques, ceux commis dans les maiſons habitées, avec effraction extérieure ou eſcalade. *Loi du 29 nivoſe an VI, art. 9.*

Il lui eſt enjoint, en cas d'évaſion de priſonniers, de faire ſaiſir & arrêter ceux qui, par état, ſont chargés de leur garde. *Loi du 4 vendémiaire an VI, art. 5.* Voyez *évaſion.*

Il peut faire arrêter & traduire au tribunal de police municipale, ceux qui par imprudence, ou par la rapidité de leurs chevaux, auroient fait quelques bleſſures dans la rue ou voie publique. *Loi du 22 juillet 1791, tit. 1, art. 28.*

Il eſt également autoriſé à ordonner l'arreſtation pour cauſe de rixe ou de diſpute avec ameutement du peuple pour voies de fait, ou violences légères dans les aſſemblées & lieux publics, & pour les cas de bruit & attroupement nocturnes. *Même loi, art. 19.*

Item, pour expoſition en vente de comeſtibles gâtés, corrompus ou nuiſibles. *Même loi, art. 20 & 21.*

Item, des postillons qui se seroient rendus coupables envers les voyageurs, d'exactions, de menaces & d'insultes. Voyez *postillons*.

Item, les mendians valides, ou ceux qui, étant invalides, useroient de menaces & de violences, ou qui mendieroient avec armes, ou qui s'introduiroient dans l'intérieur des maisons, ou qui mendieroient la nuit, ou qui seroient plusieurs ensemble, ou qui seroient munis de faux certificats ou congés, ou qui auroient déja été repris de justice, ou enfin qui supposeroient des infirmités & useroient de déguisement. *Loi du 22 juillet 1791, tit. 2, art. 22.*

Pour troubles & scandales dans les temples & cérémonies religieuses. *Même loi, art. 11.*

Pour outrages & insultes faits à sa personne, pendant qu'il est dans l'exercice de ses fonctions. *Même Loi, art. 21.*

Pour ameutement & insubordination séditieux de la part des ouvriers. *Même loi.*

Pour trouble dans la liberté des enchères. *Même loi.*

Pour attroupement & tumulte. *Même loi.*

ASSISTANCE.

Il y a plusieurs occasions où le maire ne doit pas opérer sans l'assistance de témoins.

Par exemple, quand il s'agit d'une visite sur soupçons de fabrication de fausses monnoies. Voyez *fausses monnoies.*

Dans d'autres circonstances, son assistance est nécessaire pour autoriser & légitimer les opérations de quelques fonctionnaires publics; par exemple:

Lorsqu'il s'agit de la visite d'un réquisitionnaire, à l'effet de vérifier si ses infirmités sont de nature à le dispenser du service militaire.

Les officiers de santé qui procèdent à cette visite, doivent être assistés du maire. *Arrêté du directoire exécutif, du 9 brumaire an VI, art 3.*

Cette assistance est encore indispensable, lorsque des employés d'un bureau de garantie, se proposent de faire une visite dans une maison particulière où ils soupçonnent une fabrication illicite de poinçons.

Alors, le receveur & le contrôleur doivent se faire accompagner du maire, &, à l'aide de son assistance, ils peuvent s'introduire dans la maison suspectée, & y saisir les faux poinçons, les ouvrages ou lingots qui en seroient marqués, & enfin les ouvrages achevés & dépourvus de marque, qui s'y trouveroient. *Loi du 19 brumaire an VI, art. 101.*

Le maire doit s'abstenir dans une pareille opération de prendre aucune participation active.

Il n'est appelé par la loi que pour autoriser, par sa présence, l'introduction forcée des agens du bureau de garantie dans une maison particulière; il y est encore pour prévenir, par son autorité, les voies de fait & excès, qui pourro ent avoir lieu entre les parties; enfin, comme il doit signer le procès-verbal, sa signature sert de g rantie de la véracité de ce qui s'y trouve énoncé.

Les poinçons, ouvrages & objets saisis, doivent êt e mis sous enveloppe, revêtus du cachet du maire. *Même loi, art. 103.*

Lorsqu' l s'agit de la part des gardes forestiers ou champêtres, de s'introduire dans des maisons particulières, atteliers, bâtimens & cours adjaçantes, pour aller à la recherche d'objets volés, il faut encore qu'ils soient autorisés par l'assistance du maire. *Loix du 11 décembre 1789, art. 4, 29*

*septembre 1791, tit. 4, art. 5, tit. 8, art. 2 ;
3 brumaire an IV, art. 41 ; 20 messidor an III,
art. 7.*

Cette assistance est d'obligation de la part
du maire, sur la réquisition qui lui en est
faite par des gardes champêtres ou forestiers. En cas de refus, le sous-préfet doit le
dénoncer au préfet, qui est tenu de le suspendre de ses fonctions, & d'en rendre
compte sur-le-champ au ministre de la police générale. *Arrêté du directoire exécutif du
4 nivose an V, art. 3.*

Il ne conviendroit pas au maire de re-
fuser son assistance, sur le prétexte de l'article 359 de la constitution, suivant lequel : « aucune visite domiciliaire ne peut
» avoir lieu qu'en vertu d'une loi & pour
» la personne ou l'objet désignés dans
» l'acte qui ordonne la visite. »

Nous venons de voir que cette assistance
est exigée par les loix des 11 décembre
1789, 29 septembre 1791, 20 messidor
an III, & 3 brumaire an IV, d'où il résulte
que la première condition requise par l'article 359 de la constitution se trouve ac-
complie.

A l'égard de la désignation des personnes
& des objets qui motivent la visite domiciliaire, cette condition est encore effec-

tuée par la réquisition motivée des gardes forestiers qui, en leur qualité d'officiers de police judiciaire, ont droit de faire une pareille réquisition.

Aussi est-il enjoint aux gardes forestiers, de désigner dans leurs actes de réquisition l'objet de la visite, ainsi que les personnes chez lesquelles elle devra avoir lieu. *Arrêté du directoire exécutif, du 4 nivose an V, art. 1.*

Le maire est tenu de signer le procès-verbal de perquisition du garde ; & en cas de refus, le garde en fera mention dans son procès-verbal. *Loi du 29 septembre 1791, art. 2.*

Les préposés au droit d'enregistrement sont autorisés à se transporter chez les notaires, greffiers & secrétaires des maires ou tous autres dépositaires des registres de l'état civil, archives & titres publics, pour vérifier leurs répertoires, que ceux-ci sont tenus de leur communiquer, sous peine de 50 francs d'amende en cas de refus.

Mais ce refus ne peut être juridiquement constaté que par un procès-verbal dressé en présence du maire ou de l'adjoint dont l'assistance aura été requise à cet effet par le préposé. *Loi du 22 fr. maire en VII, art. 52.*

La communication ci - deſſus ne peut être exigée les jours de repos , & les séances du prépoſé ne doivent pas durer plus de quatre heures dans chaque dépôt où il fera les recherches. *Même loi , art.* 54. *Voyez enregiſtrement.*

Lorſqu'un propriétaire qui fait bâtir, veut aſſurer un privilège aux ouvriers, il eſt tenu de faire rédiger deux procè-verbaux, dont l'un contient l'indication des ouvrages indiſpenſables, & l'autre le réglement du prix de ces mêmes ouvrages & le montant du privilège.

Ces deux procès-verbaux ne doivent être faits qu'en préſence du ſous-préfet de l'arrondiſſement où les biens ſont ſitués ; mais en cas d'abſence ou d'empêchement de la part du ſous-préfet, il eſt remplacé par le maire ou l'adjoint, aux termes de la loi du 21 fructidor an III, art. 15 ; aucun d'eux ne doit négliger de s'inſtruire d'avance des devoirs & des droits attachés à cette nouvelle fonction. *Loi du* 21 *fructidor an II , art.* 15. *Loi du* 11 *brumaire an VII, Bulletin* 238 , *n°.* 2137 , *art.* 12 & 13.

Les prépoſés à la régie de l'enregiſtrement ſont autoriſés à ſe transporter dans tous les lieux où ſe feront les ventes publiques & par enchères, & a s'y faire repréfenter les procès-verbaux de vente & les copies des déclarations préalables.

Il leur est permis, en pareille occasion, de requérir l'affistance du maire de la commune où se fait la vente. *Loi du 22 pluviose an VII, art. 8.*

Lorsque le maire est instruit d'une contravention commise à la loi du 13 fructidor an V, sur les poudres & salpêtres, il doit faire une visite dans les ieux désignés, conjointement avec son adjoint, & à condition qu'ils se feront affister de deux citoyens du voisinage. *Loi du 13 fructidor au V, art. 26.*

ATTROUPEMENT SÉDITIEUX.

Les maires & adjoints font spécialement chargés par les loix des 24 août 1790, & 3 août 1791, de diffiper les attroupemens & émeutes populaires.

Il faut, toutefois, diftinguer les attroupemens qui n'ont aucune intention criminelle, & qui n'offrent qu'une fimple infraction des réglemens de police, de ceux qui portent un caractère de fédition & de mutinerie.

Les premiers ne donnent lieu qu'à une amende pécuniaire & à une détention de quelques jours ; & en cas de récidive, à une détention de quelques mois.

Mais lorsque les attroupemens menacent la sûreté individuelle des citoyens & le respect dû aux propriétés, ou qu'ils sont dirigés contre le gouvernement ou les autorités constituées, le maire doit requérir le secours de la force armée du lieu & celle des lieux les plus voisins, & faire un appel à tous les bons citoyens, provoquer leur assistance, aller au-devant de l'attroupement, accompagné de la force armée qu'il aura pu rassembler, & faire, conjointement avec le commandant de cette force armée, une sommation aux attroupés de se séparer.

Ceux qui, après cette sommation, ne se seront pas retirés de l'attroupement, doivent être saisis & arrêtés, pour être ensuite traduits au tribunal criminel.

Si les attroupés opposent de la résistance à la force armée qui se met en devoir de les arrêter, il est enjoint à la force armée de vaincre cette résistance. *Loi du 27 germinal an IV.*

AUBERGISTE.

Dans les villes & dans les campagnes, les aubergistes, maîtres d'hôtels garnis &

logeurs font tenus d'infcrire de fuite & fans aucun blanc, fur un regiftre en papier timbré & paraphé par le maire, ou un commiffaire de police, les noms, qualités, domicile habituel , date d'entrée & de fortie de tous ceux qui coucheront chez eux, même une feule nuit, & de repréfenter ce regiftre tous les quinze jours, & en outre, toutes les fois qu'ils en feront requis, foit au maire, foit aux officiers de police ou aux citoyens commis par le maire. *Loi du 22 juillet 1791, titre 1, art. 5.*

Il eft enjoint aux maires de tenir la main à l'exécution de ces difpofitions. *Arrêté du directoire exécutif, du 2 germinal an IV, art. 9.*

Ils doivent fe faire repréfenter le regiftre tous les quinze jours, & même plus fouvent, s'ils le jugent néceffaire. *Même arrêté.*

Ils doivent dénoncer au fous - préfet, toutes les infractions faites à cet article, conformément à l'art. 29 du code des délits & des peines. *Même arrêté.*

A U T E U R S.

Par la loi du 19 juillet 1793 , « les au» teurs d'écrits en tous genres, les com-

» positeurs de musique, les peintres &
» dessinateurs, ont droit de jouir durant
» leur vie entière du droit exclusif de
» vendre, faire vendre & distribuer leurs
» ouvrages dans le territoire de la répu-
» blique, & d'en céder la propriété en
» tout ou en partie ».

Leurs cessionnaires jouissent du même droit durant l'espace de dix ans après la mort des auteurs.

Il est permis aux auteurs, compositeurs, peintres, dessinateurs ou autres, leurs héritiers ou cessionnaires, de provoquer la saisie & la confiscation de tous les exemplaires des éditions imprimées ou gravées, sans la permission formelle & par écrit des auteurs.

Cette saisie s'exécutoit autrefois par le ministère d'un officier de paix; depuis la suppression de ces officiers, cette fonction a été transférée aux commissaires de police, par la loi du 25 prairial an 3; & au défaut de commissaire de police sur le lieu, au juge de paix.

Mais depuis le régime constitutionnel, les juges de paix ont été investis de cette fonction, par une suite de leurs attributions, & ce n'est qu'à leur défaut que les commissaires de police sont chargés de ces saisies.

Dans les endroits où il n'y a ni juge de paix, ni commissaire de police, la saisie des ouvrages contrefaits rentre donc dans les fonctions des maires & adjoints, à la charge de renvoyer aussitôt après le procès-verbal de saisie & de scellés, au juge de paix du canton.

Voyez la circulaire du ministre de la justice, du 21 nivose an VII; & celle du ministre de l'intérieur, du 11 frimaire an VII.

AVANCES ET DÉBOURSÉS.

Il y a certains cas où les maires & adjoints sont obligés, dans l'exercice de leurs fonctions, de faire quelques avances & débourfés; mais la loi a pourvu à leur prompt remboursement, par un mode expédit. C'est ce qui a lieu pour l'échenillage des arbres. Voyez *échenillage*.

Et pour l'enfouissement des cadavres, des animaux & charognes. Voyez *animaux morts*.

A V I S.

Lorsqu'un maire, dans l'exercice de ses fonctions, acquiert la connoissance, ou reçoit la dénonciation d'un délit de na-

ture à être puni, soit d'une amende au-
deſſus de la valeur de trois journées de
travail, soit d'un empriſonnement de plus
de trois jours, ſoit d'une peine afflictive
ou infamante, il eſt tenu d'en donner avis
ſur-le-champ au juge de paix dans l'arrondiſſement duquel il a été commis, ou dans
lequel réſide le prévenu, & de lui tranſ-
mettre tous les renſeignemens, procès-
verbaux & actes qui lui ſont relatifs. *Loi
du 3 brumaire an IV, art. 83.* Voyez *police
judiciaire.*

Lorſque dans une commune où le juge
de paix ne réſide pas, un particulier vient
à décéder, laiſſant pour héritiers des mineurs ou des abſens, le maire eſt tenu
d'en donner avis, ſans aucun délai, au
juge de paix du canton, ou à ſon aſſeſſeur
le plus voiſin. *Arrêté du directoire exécutif,
du 22 prairial an V, article 1.* Voyez *abſence.*

Lorſque les maires & leurs adjoints
remarquent dans les communes quelques
mouvemens ſéditieux prêts à éclater, ils
ſont tenus, ſous leur reſponſabilité, d'en
donner avis au ſous-préfet, au juge de paix
du canton & au préfet. *Loix du 27 juillet,
3 août 1791, art. 32.*

BACS ET BATEAUX.

Le paffage des fleuves, rivières & canaux navigables, eft un objet de police qui entre dans les fonctions des maires & adjoints, & qui exige même une furveillance particulière.

Quand le paffage eft commun à deux départemens limitrophes, la police adminiftrative appartient à la commune la plus prochaine du paffage ; & en cas d'égalité de diftance, à la commune la plus forte en population : en conféquence, la gare, le logement & le domicile de droit du paffeur, font établis de ce côté.

Au moins deux fois par an, & dans le cours de vendémiaire & de germinal, le préfet doit prefcrire aux ingénieurs des ponts & chauffees du département, de faire, en préfence du maire ou d'un adjoint, la vifite des bacs, bateaux & autres objets dépendans de leur fervice.

C'eft aux confuls qu'il appartient de défigner les paffages dont la communication doit être fufpendue depuis le coucher du foleil jufqu'à fon lever, & pendant cette fufpenfion, les bacs, bateaux & agrès doivent être fermés avec des chaînes & cadenats folides.

C'eft encore aux confuls à déterminer les mefures de police & de fûreté rel tives à chaque paffage, & à défigner les lieux & les circonftances dans lefquelles le bac ou bateau devra avoir attaché à fa fuite **un** batelet ou un canot, & de préférre le mode le plus convenable d'amarrer les bacs & bateaux lors de l'embarquement, afin d'éviter les dangers du recul ; de fixer le nombre des paffagers & la quantité du chargement, &c. ; mais lorfque ces inftructions ont été communiquées par le préfet, le maire du lieu doit en furveiller l'exécution avec exactitude, & dénoncer les contraventors au fo s-proc t, & même en cas de récidive, ou de circonftances aggravantes, au tribunal de police correctionnelle. *Loi du 6 frimaire an VII.*

BAN DE MOISSONS, VENDANGES, &c.

Les maires des cantons ruraux, où l'ouverture des moiffons, des vendanges & de la touchaifon eft fixée, foit par l'autorité publique, foit par les cultivateurs affemblés, veilleront à ce que les époques ne foient défignées que dans les termes du calendrier républicain. Les contraventions qu'ils toléreront feront dénoncées au miniftre de la police générale. *Arrêté du directoire exécutif, du 14 germinal an VI, art. 17.*

BARRIÈRES.

L'établissement du droit d'entretien des routes, connu vulgairement sous le nom de droit de passe, donne quelquefois lieu à des altercations entre le passager & les percepteurs.

La loi a attribué au maire le plus voisin, la décision des difficultés qui s'élèvent aux barrières, sur l'application du tarif, & la quotité de la taxe exigée par le receveur. Le tout sans frais & sans formalités, *Loi du 3 nivose an IV, art. 46.*

Néanmoins les préposés à la recette ne peuvent être distraits ni déplacés de leur bureau, pour suivre ces contestations ; ils adressent seulement au maire un exposé sommaire de leur demande, & donnent pouvoir à un citoyen pour les défendre, *Même loi, art. 46. Voyez jurisdiction.*

Le maire peut se transporter au bureau, quand il le croit nécessaire, pour reconnoître les faits. *Même loi, art. 48.*

BATIMENS MENAÇANT RUINE.

Les constructions & bâtimens, sont au nombre des objets confiés à la surveillance des maires ; s'il y avoit un danger imminent, ce cas rentreroit dans la claſſe des accidens. Voyez ci-dessus *accidens*.

BÊTES A CORNES.

Tout propriétaire ou détenteur de bêtes à cornes, qui aura une ou pluſieurs bêtes malades, ou ſuſpectes, ſera obligé, sous peine de 500 fr. d'amende, d'en avertir ſur-le-champ le maire de ſa commune. Le devoir de celui-ci, auſſi-tôt l'avertiſſement reçu, est de les faire viſiter par l'expert le plus prochain, ou par celui qui aura été déſigné par le département ou la municipalité du canton. *Arrêté du directoire exécutif, du 27 meſſidor an V.*

Lorſqu'il eſt conſtaté par le rapport de l'expert, qu'une ou pluſieurs bêtes ſont malades, le maire doit veiller à ce qu'elles ſoient ſéparées des autres, et ne communiquent avec aucun animal de la commune. *Même arrêté.*

Il doit faire marquer chaque bête malade d'un fer chaud, repréſentant la lettre M ; ſauf à l'application d'une contre-marque quand la maladie aura ceſſé. *Même arrêté.*

A compter de ce jour, les propriétaires ne doivent, ſous quelque prétexte que ce ſoit, les faire conduire dans les pâturages ni aux abreuvoirs communs ; & ils font tenus de les nourrir dans des lieux enfermés, fous peine de 20 francs d'amende. *Même arrêté.* Voyez *enfouiffement, épizootie.*

BIENS COMMUNAUX.

Les biens communaux font ceux fur la propriété ou produit defquels tous les habitans d'une ou de plufieurs communes, ou d'une fection de commune, ont un droit commun. *Loi du 10 juin 1793, fection première, article premier.*

Cette même loi ordonnoit le partage des biens communaux, fous certaines modifications.

Ce partage donna lieu à un grand nombre de réclamations, et produifit même de funeftes effets dans plufieurs départemens. Ces confidérations déterminèrent le corps légiflatif à furfeoir à toutes actions & pourfuites réfultant de l'exécution de la loi du 10 juin 1793, fur le partage des biens communaux. *Loi du 21 floréal an IV.*

Mais les expreffions mêmes de cette loi étant devenues la caufe de nouvelles difficultés, le directoire exécutif en follicita l'explication par un meffage adreffé au corps légiflatif, le 7 frimaire an 5, fur lequel il n'eſt encore intervenu aucune décifion.

BLÉ EN VERD.

Toutes ventes de grains en verd, et pendants par racines, font prohibées, fous peine de confifcation des grains et fruits vendus. La confifcation eſt appliquée, un tiers an dénonc ateur, un tiers à la commune du lieu où les fonds qui ont produit les grains fe trouvent fitués. Ce tiers fera diſtribué à la claſſe indigente. Le troifième tiers au tréfor public. L'exécution de cette loi eſt confiée au maire. *Loi du 6 meſſidor an III.*

Dans la prohibition ci-dessus, ne font pas comprifes les ventes de grains en verd et pendants par racines, qui ont lieu par suite de tutelle, curatelle, changement de fermier, faifie de fruits, baux judiciaires et autres de cette nature. Sont également exceptées les ventes qui comprendroient tous autres fruits ou productions que les grains. *Loi du 23 meſſidor an III.*

BOIS.

Le maire partage avec les gardes champêtres et forestiers, le droit de furveiller les délits commis dans les forêts, tant nationales que privées, et de dresser des procès - verbaux contre les délinquants. Voyez *gardes champêtres.*

B O I S   F L O T T É S.

Il y a des loix précises sur le vol de bois dans les forêts, soit nationales, soit particulières, et l'on peut voir à ce sujet les articles *assistance, gardes forestiers.*

Mais le même larcin s'exerce aussi sur les bois qui sont jetés à flots, sur les rivières et ruisseaux navigables. Ce sont les habitans riverains qui se rendent coupables de ce délits, lors du passage des flots ; délit d'autant plus grave, qu'il a l'effet de décourager le commerce et d'atténuer les approvisionnemens des communes auxquelles ces bois sont destinés.

Les inspecteurs de la navigation, ou gardes des rivières, commissionnés par le ministre de l'intérieur, sont autorisés à faire la recherche et perquisition des bois volés, sur les rivières et ruisseaux flottables et navigables, de la même manière énoncée aux articles 1, 2, 3 & 4, de l'arrêté du 4 nivôse an V. Les maire & adjoints sont tenus de les accompagner, lorfqu'ils en feront requis, fous les peines y portées. *Arrêté du directoire exécutif, du 26 nivôfe an V.*

BOISSONS.

Lorfque dans le cours de fes vifites chez les vendants vins ou autres liqueurs, le maire découvre des boiffons gâtées, corrompues ou falfifiées, il doit les faifir, en dreffer procès-verbal, & l'envoyer au fous préfet. Voyez *loix des 24 août 1790, et 22 juillet 1791.*

BONS DE RÉQUISITIONS.

En vertu de la loi du 22 germinal an VIII, chaque maire, dans la décade de la réception de cette loi, a dû fe faire remettre par ceux des citoyens de fa commune qui auroient fatisfait à des réquifitions depuis le premier germinal an VII, les bons dont ils étoient encore porteurs, & qu'ils auroient reçu pour les livraifons, ou tranfports qu'ils auroient effectués ; après vérification faite de ces bons, il a dû y appofer fon vifa, & en faire un état double. Le montant defdits bons ainfi vérifiés, peut être imputé fur les contributions directes, antérieures

antérieures à l'an VIII, & subsidiairement sur celles de l'an VIII.

Dans la seconde décade le maire a dû se faire représenter, par les percepteurs, les rôles des contributions directes de sa commune, & a dû émarger, en leur présence, à l'article de chaque porteur de bons, & à son acquit, le montant desdits bons.

Le maire a dû remettre en même-tems au percepteur tous les bons qu'il avoit reçu, avec un double de l'état pour sa décharge, & celui-ci a dû lui en fournir un récépissé général, au pied de l'autre double.

Le maire a dû ensuite adresser au sous-préfet de l'arrondissement, l'état portant le récépissé du préposé.

Dans le cas où les bons des contribuables excéderoient le montant de ses contributions, le maire portera au *verso* du bon qui ne sera employé que pour une partie de sa valeur, la somme dont il aura été fait compensation, & donnera une coupure de l'excédent au contribuable, qui, après l'avoir fait viser par le sous-préfet, pourra l'employer au paiement de ses contributions directes, dans d'autres communes que celle de son domicile, en se conformant aux dispositions de la loi du 22 germinal an VIII.

C

B O U C H E R S.

Lorsqu'une maladie contagieuse s'est manifestée dans un troupeau de bêtes à cornes, il n'est plus permis aux propriétaires d'en vendre, ni aux bouchers d'en acheter, qu'aux conditions suivantes,

1°. Si la bête vendue a été reconnue par l'expert, pour n'être pas attaquée de la maladie;

2°. Le boucher ne doit pas entrer dans l'étable;

3°. Il doit tuer la bête vendue, dans les vingt-quatre heures.

4°. Le propriétaire ne peut se défaisir de la bête, et le boucher ne peut la tuer que sur la permission par écrit du maire. Toute contravention, à cet égard, est punie de 200 fr. d'amende, solidairement contre le propriétaire et le boucher. *Arrêté du directoire exécutif, du 27 messidor an V.* Voyez *bêtes à cornes, épizootie.*

B R U I T S   N O C T U R N E S.

La tranquillité de la nuit est confiée, aussi bien que celle du jour, à la vigilance du maire. Il est donc du devoir de cet officier, de réprimer les bruits nocturnes, qui troublent le repos des citoyens.

Cette répreffion peut s'effectuer par l'arreftation des auteurs du trouble, surtout s'ils ne font pas domiciliés dans la commune.

Si ces bruits nocturnes procéloient de quelques raffemblemens séditieux, alors ce feroit le cas d'employer les mefures indiquées au mot *Attroupement. Loi du 24 août 1790, tit. 11, art. 3, et 22 juillet 1791, tt. 1, art. 19.*

BULLETIN DES LOIX.

Les maire et adjoints confervent pour leur ufage, une collection de loix exiftantes, dans l'adminiftration qu'ils remplacent.

I's reçoivent du préfet, les tableaux du bulletin des loix; i s reçoivent le bulletin des loix, au moyen d'un abonnement de fix fr. par an, qui font partie des dépenfes communales. *A étés du 27 floréal, 16 prairial, 25 prairial.*

C 2

CABARETS, CAFÉS.

Les maires font chargés d'y maintenir le bon ordre & la tranquillité, dans l'étendue du territoire de leur commune.

Ils peuvent entrer en tout tems, foit pour y prendre connoiffance des défordres, foit pour infpecter la qualité & la nature des boiffons, soit pour la vérification des mefures. *Loi du 22 juillet 1791, tit. 1, art. 9. Voyez aubergiftes, boiffons, lieux publics.*

C A D A V R E S.

Lorfqu'un cadavre eft découvert fur une route, ou fur le bord des eaux, ou dans une maifon, ou dans tel autre endroit que ce foit, c'eft le juge de paix du canton qui doit s'emparer de l'inftruction ufitée en pareil cas, en fe tranfportant fur les lieux, & en dreffant un procès-verbal, conformément à l'art. 102 du code des délits & des peines.

Mais quand le juge de paix du canton ne réfide pas fur le lieu où le cadavre a été découvert, & qu'il eft urgent de procéder à l'inhumation pour caufe de falubrité, le maire doit provifoirement remplir fes fonctions de commiffaire de police, en fe tranfportant sur les lieux, affifté des perfonnes de l'art, pour recueillir, le plus promptement poffible, & avant leur dépériffement, les indices & les renfeignemens capables d'éclairer la juftice fur l'individu trouvé mort, fur fon domicile & fur la caufe de fa mort. Ces prélminaires remplis, il peut ordonner l'inhumation fi le cas eft urgent, & il remet enfuite au juge de paix fon procès-verbal, ainfi que les effets trouvés fur l'individu, & autres pièces fervant de renfeignemens. *Loi du 3 brumaire an IV, art. 36.* Voyez *décès.*

CALENDRIER RÉPUBLICAIN.

La loi du 4 frimaire an II, a aboli l'ère vulgaire, pour les ufages civils, & ordonné que tous les actes publics feroient datés conformément à la nouvelle organifation de l'année.

L'article 372 de l'acte conftitutionnel, déclare que l'ère françaife commence au 22 feptembre 1792, jour de la fondation de la république.

CARTE CIVIQUE, OU DE SURETÉ.

C'eft une précaution qui a été introduite par la loi du 19 feptembre 1792,

tit. 1 , art. 1 & fuivans, & qui s'eft main-
tenue avec févérité jufqu'à préfent.

Tout voyageur (excepté les femmes &
les enfans au-deffous de dix-huit ans) , eft
tenu de repréfenter fa carte civique à la
première réquifition qui lui en fera faite
par les officiers de police du lieu où il fe
trouve.

Faute de cette repréfentation (ou d'un
paffe-port qui en tient lieu) , le maire eft
autorifé à le retenir, & à l'envoyer au
commiffaire du gouvernement près la municipalité , ou au juge de paix du canton.
Voyez *paffe-port.*

CÉLIBATAIRES.

La loi du 7 thermidor an III avoit compris parmi les célibataires, les hommes &
les femmes non mariés après l'âge de
trente ans. *Art.* 4.

Les uns & les autres étoient affujétis au
paiement du quart en fus de leurs contributions perfonnelles & taxes fomptuaires.
Ibid.

Seulement les veufs & veuves ayant
enfans, ou qui n'avoient atteint le veuvage qu'après quarante-cinq ans , étoient
affranchis de cette augmentation. *Ibid.*

Mais la loi du 3 nivôse an VII, contient cinq modifications à la loi du 7 thermidor an III.

Première différence. -- On ne comprend, sous le nom de célibataires que les hommes seulement âgés de trente ans, ni mariés ni veufs.

Deuxième différence. -- Les femmes, de quelqu'âge qu'elles soient, ne sont point assujéties aux dispositions concernant les célibataires. *Art.* 24.

Troisième différence. -- Il n'y a aucune distinction à faire sur l'époque à laquelle le veuvage du contribuable a commencé.

Quatrième différence. -- Le loyer d'habitation du célibataire est surhaussé de moitié de sa valeur, au lieu du quart.

Cinquième différence. -- Le surhaussement de la contribution du célibataire, ne doit frapper que sur la contribution mobiliaire, sans atteindre la contribution personnelle, ni la taxe somptuaire. *Loi du 3 nivôse an VII.*

CERTIFICAT.

En plusieurs occasions, la loi exige le certificat du maire, comme un témoignage authentique de la vérité.

Dans le cas où un réquisitionnaire seroit attaqué d'une maladie ou d'une infirmité assez grave pour ne pas lui permettre de se transporter à l'hospice militaire le plus voisin de son domicile, cette impuissance doit être constatée par un certificat de visite, qui sera faite par deux officiers de santé, en présence du maire & de deux témoins. *Arrêté du directoire exécutif du 9 brumaire an VI, art. 3.*

Tout contribuable imposé pour l'an V & l'an VI, à une cote mobiliaire excédant en principal le vingtième de son revenu mobilier, doit être admis à réclamation dans le mois qui suit, en joignant à sa pétition un certificat du paiement du tiers de sa contribution personnelle & mobiliaire, & de la totalité de la contribution somptuaire.

Mais le paiement provisoire n'est pas exigible pour les demandes motivées, pour doubles emplois & erreurs de noms, pourvu que cette réclamation soit certifiée dans les campagnes, par le maire de la commune. *Loi du 7 vendémiaire an VII, art. 1.*

Les nourrices & autres habitans chargés d'enfans abandonnés, qui leur ont été confiés par les administrations des hospices civiles, ne peuvent toucher les indemnités

accordées en pareil cas, que sur la représentation du certificat du maire, que les
enfans dont il s'agit ont été traités avec
humanité, & instruits conformément au
vœu de la loi. Voyez *enfans abandonnés.*

Quiconque sollicite, pour la première
fois, une patente, doit être muni d'un certificat du maire qui atteste qu'il n'a pas encore exercé la profession pour laquelle la
patente est demandée. Voyez *patentes.*

Il y a encore lieu au certificat de la part
du maire, au sujet de la taxe somptuaire.

Le maire doit envoyer au sous-préfet
le tableau des habitans de sa commune,
sujets à la taxe du luxe, & lui certifier par
écrit qu'il n'y avoit pas eu matière à la
taxe du luxe. *Loi du 3 nivose an VII, art.* 50.
Voyez *taxe somptuaire.*

C H A S S E.

La liberté de la chasse restituée depuis la
révolution, n'est pas illimitée; elle est au
contraire assujétie à quelques modifications, dont il est nécessaire que le maire
soit instruit, afin qu'il n'expose pas sa
responsabilité personnelle, par trop de rigueur ou trop d'insouciance.

Il est défendu à toute personne de chasser

en quelque tems & de quelque manière
que ce soit sur le terrein d'autrui, sans son
consentement, à peine de 20 fr. d'amende
envers la commune du lieu, & à l'égard
du propriétaire à une indemnité plus ou
moins forte, dans les proportions établies
par l'art. 2 de la loi du 30 avril 1790.

La chasse est même interdite aux propriétaires sur leurs propres terres, même
en jachères, pendant le tems où la terre est
chargée de productions, ce qui comprend
l'espace du premier floréal jusqu'au premier
brumaire, sauf néanmoins les fixations qui
sont faites à cet égard dans les divers départemens.

Ces amendes sont doublées, triplées,
quadruplées, en proportion de la récidive ;
il y a contrainte par corps & détention,
faute de paiement de ces amendes, après un
délai de huitaine ; la détention s'accroît
aussi en raison de la récidive, depuis vingt-
quatre heures jusqu'à trois mois.

Lorsque les chasseurs sont déguisés ou
masqués ou gens sans aveu, ou non domiciliés, dans l'étendue de la république,
ils doivent être arrêtés sur-le-champ, dé-
sarmés & détenus, par mesure administrative, jusqu'au jugement du tribunal de
police municipale. *Même loi, art. 7.*

S'ils ne font dans aucun de ces cas, ils doivent être laissés en liberté, & fans défarmement, fauf aux gardes champêtres à dreffer contr'eux un proces-verbal qui est envoyé au fous-préfet, & qui donne lieu aux condamnations autorifées en cette matière.

Lorfque le propriétaire ne fe plaint pas du délit de chaffe commis fur fon terrein, il n'y a pas lieu à une condamnation contre les chaffeurs, à moins qu'ils n'aient chaffé dans un tems prohibé, auquel cas le maire, pour le maintien de l'ordre public, doit en faire la dénonciation au fous-préfet.

Il n'y a pas de tems prohibé aux propriétaires pour la chaffe dans les clos, les lacs & les étangs. Il n'y en pas non plus pour la chaffe dans leurs bois & forêts, pourvu que ce foit fans chiens courants. *Même loi.*

La circonftance du tems prohibé n'empêche pas les propriétaires & les fermiers de détruire le gibier dans leurs récoltes, non clofes, en fe fervant de filets ou autres engins qui ne puiffent pas nuire aux fruits de la terre; comme auffi de repouffer avec des armes à feu, les bêtes fauves qui fe répandroient dans les récoltes. *Loi du 30 avril 1790.*

C 6

C H E M I N É E S.

Le maire doit faire, une fois par an, la visite des fours & cheminées, de toutes maisons & de tous bâtimens éloignés de moins de 100 toises d'autres habitations; ces visites doivent être annoncées au moins huit jours d'avance. *Loi du 6 octobre 1791, titre 2, art. 9.*

D'après la visite, il doit noter les fours & cheminées qui, par leur mauvais état, feroient craindre l'incendie, &, en cas de négligence de la part du propriétaire, les dénoncer au sous-préfet. *Même loi.* V. *feu.*

C H E M I N S.

Le maire doit dresser un procès-verbal des dégradations commises sur les chemins, qui sont dans l'étendue de son arrondissement, & traduire les délinquants au tribunal de police municipale. *Loi du 6 octobre 1791, tit. 2, art. 40.*

C H I E N S D E G A R D E.

Les chiens de basse-cour, de ferme, de berger, considérés comme un instrument de la sûreté publique, & une propriété rurale, ont mérité l'attention de la loi.

Il est défendu de tuer & de blesser aucun chien de garde, sous peine de dommages & intérêts, & d'une amende qui est fixée au double du dédommagement. Le délinquant peut être condamné à une détention d'un mois, si l'animal n'a été que blessé; & de six mois, si l'animal est mort de sa blessure, ou est resté estropié. La détention pourra être du double si le delit a été commis la nuit, ou dans une étable, ou dans un enclos rural. *Loi du 6 octobre 1791, tit. 2, art. 3.*

Lorsqu'une épizootie s'est manifestée dans une commune, les chiens doivent être retenus à l'attache; & il est permis au maire de faire tuer ceux qui seront trouvés errans dans les chemins. *Loi du 22 juillet 1791.*

C L O C H E S.

L'article 7 de la loi du 3 ventose an III, sur l'exercice des cultes, en interdisant tout signe particulier à un culte quelconque, laissoit douter si la sonnerie des cloches étoit comprise dans cette prohibition.

Cette incertitude donna lieu à un message du directoire exécutif, du 18 ventose fuivant, par lequel il provoqua une loi précife qui étendit l'article 7 à la fonnerie des cloches.

Le corps législatif a fait droit fur cette propofition par la loi du 22 germinal an IV, qui prohibe toute convocation au fon des cloches, fous peine d'emprifonnement, & même de déportation contre les miniftres des cultes. *Loi du 22 germinal an IV.*

C L U B S.

Les citoyens qui veulent former des clubs ou affociations, font tenus de faire préalablement, au greffe de la mairie, la déclaration des lieux & jours de leur réunion, à peine de 200 francs d'amende. *Loi du 22 juillet 1791, tit. 1, art. 14.*

Faute de pouvoir juftifier de cette déclaration, la réunion n'eft plus confidérée que comme un raffemblement illicite, & le maire eft autorifé à dreffer procès-verbal de cette contravention. *Même art.*

C O A L I T I O N.

On appelle ainfi, en matière de police, une obftination concertée de la part des propriétaires, des maîtres ou des ouvriers de ville & de campagne, pour hauffer ou baïffer le prix des travaux de première néceffité.

Une coalition de cette efpèce, eft une atteinte au bon ordre, en ce quelle expofe le fervice public au danger d'être abandonné, & fait d'ailleurs revivre les corporations.

Elle eft encore un attentat à la liberté individuelle, en ce qu'elle foumet les particuliers à l'obfervation d'une réfolution générale qui n'entre peut-être pas dans leur intention.

En pareil cas, la loi du 17 juin 1791, veut que les auteurs, chefs & inftigateurs qui auront provoqué & rédigé ces délibérations, foient cités devant le tribunal de police, pour être condamnés chacun à 500 fr. d'amende.

La loi du 6 octobre 1791, fur la police rurale, tit. 2, art. 20, étend fa furveillance fur les moiffonneurs, domeftiques & ouvriers de campagne qui fe ligueroient entr'eux pour faire hauffer le prix des gages. La peine de ce délit eft une amende qui ne pourra excéder la valeur de douze journées de travail, & une détention de police municipale.

Si cette coalition étoit accompagnée d'affiches & lettres circulaires contenant

menaces contre les entrepreneurs , arti-
fans, ouvriers ou journaliers étrangers qui
viendroient travailler dans le lieu , ou
contre ceux qui fe contenteroient d'un falaire inférieur, il y a une amende de 1000 f.,
& trois mois de prifon contre chacun des
auteurs, inftigateu s ou fignataires. *Loi du
17 juin 1791 , art. 6.*

Le maire ne doit pas perdre un inftant à
dreffer procès-verba de cette contravention, & à l'envoyer au fous-préfet, près
la municipalité, avec les pièces à l'appui.

S'il y avoit eu violence & menaces
contre les ouvriers occupés au travail,
le cas feroit alors plus grave; & cefferoit
d'être du reffort de la police municipa'e,
pour rentrer dans celui de la police correctionnelle, & par conféquent, le maire
adreffera fon procès - verbal au juge de
paix. *Même loi , art.* 7.

Enfin, fi le défordre & la licence alloient
au point de former un attroupement d'ar-
tifans, d'ouvriers, compagnons & journaliers, ces attroupemens prennent aux
yeux de la loi, le caractère d'attroupemens féditieux, & comme tels ils doivent
être diffipés de la manière ind quée ci-
deffus au mot *attroupement. Même loi ,
art. 8.*

Ce qui a été dit sur la coalition des ouvriers & gens de campagne, doit s'appliquer aux maîtres, propriétaires & fermiers, auxquels il est également défendu de se coaliser, pour faire baisser ou fixer à vil prix les journées des ouvriers ou les gages des domestiques, sous peine d'une amende du quart de la contribution mobiliaire des délinquants, & même d'une détention de police municipale. *Loi du 6 octobre 1791, tit. 2, art. 19.*

Les coalitions entre ouvriers de différentes manufactures, par écrit ou par émissaires, pour provoquer la cessation du travail, sont regardées comme des atteintes à la tranquillité publique. Chaque ouvrier peut, individuellement, porter ses plaintes, ou former ses demandes ; mais il ne peut, en aucun cas, cesser le travail, si non pour cause de maladie ou infirmité dûment constatée. *Loi du 23 nivose an II, art. 5,* relative aux manufactures de papier.

Les amendes entre ouvriers, celles mises par eux sur les entrepreneurs, sont considérées & punies comme simple vol ; les proscriptions, défenses & interdictions, connues sous le nom de damnation, seront regardées comme atteintes portées à

la propriété des entrepreneurs. Ceux - ci
feront tenus de dénoncer au fous-préfet
les auteurs ou inftigateurs de ce délit,
qui feront mis fur-le-champ en arreftation.
Même loi , art. 6.

Voyez auffi à la fin de l'arrêté du directoire exécutif, du 16 fructidor an IV, qui
rappèle toutes les difpofitions des précédens règlemens , fur les coalitions entre
les ouvriers.

Les journaliers-manouvriers qui fe coa-
liferoient pour refufer leur travail à la
culture des terres, feront punis de deux
années de fers. *Loi du 16 feptembre 1793 ,*
art. 5.

Enfin , la loi regarde encore comme
une coalition coupable les tentatives des
fpéculateurs , pour éloigner les enchérif-
feurs des ventes de biens nationaux , ou
même de biens particuliers , ou qui entra-
veroient la liberté des enchères , pour
empêcher que les adjudications ne par-
viennent à leur véritable valeur , foit par
offre d'argent ou par des conventions frau-
duleufes , foit par des violences ou des
voies de fait , exercées avant ou pendant
les enchères.

La peine de ce délit eft l'amende &
l'emprifonnement. *Loi du 19 juillet 1791 ,*
art. 27.

COCARDE NATIONALE.

Tout homme résidant en France est tenu de porter la cocarde nationale. *Loi du 5 juillet* 1792. (Il n'y a d'exceptés que les ambassadeurs & les agens accrédités des puissances étrangeres. *Ibid.*)

Il importe peu de quelle matiere la cocarde est formée ; elle peut l'être de toute espece d'étoffes ou de rubans , pourvu qu'elle soit aux trois couleurs nationales. *Loi du 2 août* 1792.

Toute personne trouvée , soit dans les lieux publics , soit dans les rues , sans avoir la cocarde tricolore , doit être arrêtée & traduite devant le maire , pour être interrogée. *Loi du 3 avril* 1793 , *art.* 2.

Quand il résulte de l'interrogatoire que le défaut de cocarde n'est que l'effet de l'oubli ou de quelque autre circonstance excusable , le maire doit mettre le détenu en liberté.

Mais quand l'interrogatoire ne justifie pas suffisamment le détenu , il doit être traduit à la police correctionnelle.

La peine indiquée par la loi , en pareil cas , est de huit jours de prison pour la premiere fois ; & en cas de récidive , d'être traité comme personne suspecte. *Loi du 21 septembre 1793.*

La cocarde nationale est le seul signe de ralliement des bons citoyens ; tout autre signe ou devise, par écrit ou autrement, sur les chapeaux, bannieres ou vêtemens, est expressément défendu. *Loi du 2 p airial an III, art. 3.*

Quiconque se permettrait de paroître en public, portant un signe de ralliement autre que la cocarde nationale, doit être arrêté & puni d'une année de détention, par voie de police correctionnelle. *Loi du 27 germinal an IV, art. 9.*

C O L P O R T E U R S.

Les colporteurs & marchands roulans sont tenus de se pourvoir de patentes dans le lieu de leur principal domicile, de les représenter à toutes réquisitions, au maire des lieux où ils passeront. *Loix des 4 thermidor an III, 6 fructidor an IV, & 7 brumaire an VI.* Voyez *Patentes.*

Il est défendu aux colporteurs de journaux & papiers-nouvelles, de les publier autrement que par leurs titres. *Loi du 5 nivose an V.*

Il est enjoint aux maires de faire arrêter

sur-le-champ les contrevenans, à peine d'être eux-mêmes responsables en leur propre & privé nom. *Même loi du 5 nivôse an V, & arrêté du directoire exécutif, du 15 frimaire an 6.*

COMESTIBLES.

La surveillance & l'inspection des comestibles, sont du ressort des maires, considérés comme commissaires de police.

Ils doivent faire de fréquentes visites, dans les marchés & dans les boutiques, où se débitent les denrées de cette nature, pour en vérifier, soit la salubrité, soit les poids ou les mesures.

En cas d'exposition de comestibles gâtés, corrompus, nuisibles ou frelatés, ils doivent les saisir, & dénoncer le procès-verbal au sous-préfet, qui en poursuivra la confiscation, & la destruction, avec amende, conformément aux réglemens de police. *Loix du 24 août 1790, tit. 11, art. 3, & du 22 juillet 1791, tit. 1, art. 9, 20 & 29. Voyez boissons, poids & mesures & visites.*

COMMISSAIRES DE POLICE.

Le maire étant destiné à remplir les fonctions de commissaire de police, dans

les communes dont la population est au-
dessus de 4000 habitans, il est indispensable qu'il soit parfaitement instruit des
droits & des obligations attachées à la
qualité de commissaire de police.

On trouvera ci-après, au mot *police*,
ces fonctions indiquées & rassemblées,
avec la distinction de celles qui appartiennent à a police administrative. & de
celles qui sont du ressort de la police judiciaire.

Il y a des cas où le maire est appelé
hors de sa commune, pour aller exercer
les fonctions de commissaire de police dans
une commune plus considérable, attendu
l'empêchement accidentel du commissaire
de police du même endroit.

C'est la disposition de a loi du 3 brumaire an IV, qui porte que :

« Si le commissaire de police d'une com-
» mune où il n'existe qu'un, se trouve
» légitimement empêché, le maire ou
» son adjoint le remplace, tant que dure
» l'empêchement ». Les maires qui sont
dans le voisinage d'une commune où il
n'y a qu'un commissaire de police, doivent donc se munir des connoissances &
des instructions nécessaires , pour effectuer, avec succès, ce remplacement.
Voyez remplacement.

COMMISSAIRES RÉPARTITEURS.

Ce font des citoyens, habitans & propriétaires de la commune qui font réunis au maire & à fon adjoint, à l'effet de répartir avec équité, entre les contribuables d'une même commune, la quote-part de cette commune, dans les contributions directes, & de confectionner la matrice du rôle. *Loi du 18 prairial an V.*

Les répartiteurs étoient, ci-devant, par la loi du 18 prairial an V, autorifés à fe faire aider dans leur travail, par un citoyen habitué aux calculs, & qui étoit payé à raifon d'un décime par article de la matrice du rôle ; mais cette difpofition a été abrogée par l'art. 13 de la loi du 22 brumaire an VI.

Les répartiteurs ne peuvent arrêter aucune évaluation, fans être au moins les deux tiers de leur nombre ; & ils font tenus de fe conformer au mode de claffification des terres ordonné par la loi du premier décembre 1790.

Lorfque les répartiteurs n'avoient pas envoyé à la municipalité la matrice du rôle dans le délai de deux décades, la municipalité étoit autorifée à leur dépêcher

un commissaire spécial, dont la rétribu-
tion étoit (d'un décime par article) aux
frais personnels & solidaires des répartiteurs ; mais cette mesure a été également
abrogée. *Loi du 22 brumaire an VI.* Voyez
*agence des contributions directes & contri-
butions.*

C O M M U N E S.

Les communes au-dessous de cinq mille
habitans se trouvent quelquefois autorisées
à former des actions civiles pour la revendication ou la défense de leurs droits ;
& , dans ce cas, c'est au maire & , à son
défaut , à l'adjoint, que la poursuite de
ces actions est confiée par la loi. Voyez
actions juridiques.

D'autres fois , les communes sont ex-
posées à se défendre contre des demandes
en recours ou garantie, en réparations &
indemnités , pour des dommages dont la
loi les a rendus responsables.

C'est encore au maire à prendre en main
la défense de sa commune (sous l'autorisation du préfet), pour la soustraire, s'il
est possible , à des condamnations récur-
soires qui l'accableroient. On peut juger
quels soins , quelle fermeté & quelle pa-
tience

tié-ce un maire doit apporter dans une pareille mission.

Il est donc à desirer que le maire réunisse l'activité & l'intelligence nécessaire pour la conduite des procédures.

Mais quelquefois aussi, le maire, au lieu d'être le défenseur de sa commune, doit s'en déclarer l'adversaire & le dénonciateur, fonction douloureuse sans doute, & qui n'est pas sans périls, mais qui est un devoir indispensable de sa place. Voyez *responsabilité*.

COMPTABILITÉ.

La loi du 15 frimaire an 6, concernant le mode d'impositions, pour le paiement des dépenses administratives, charge les maires d'un compte annuel, qui doit être fourni dans le courant de vendémiaire. *Loi du 15 frimaire an VI, art. 17.*

La loi du 11 frimaire an VII, au lieu d'atténuer cette obligation, a, au contraire, renforcé les moyens de la faire exécuter.

Lorsqu'un maire a laissé passer le mois de vendémiaire, sans avoir rendu le compte des recettes & dépenses communales de l'année précédente, le préfet doit d'abord

(sous l'autorisation des consuls), le dénoncer au commissaire du gouvernement
près le tribunal civil du département, &
suspendre préalablement le maire de l'exercice de ses fonctions. *Loi du* 11 *frimaire,
art.* 64.

Le tribunal civil, avant toutes choses,
doit condamner le maire à consigner entre
les mains du receveur du département, le
cinquième du montant présumé des recettes de la commune, d'après l'état qui
en aura été dressé. Cette consignation
n'empêche pas la continuation des procédures contre le maire, pour liquider son
débet.

Et le montant de la consignation ne
doit lui être rendu qu'après la remise &
l'apurement du compte. *Ibid. art.* 66 & 67.
Voyez *dépenses communales, recettes communales, suspension.*

C O M P T E.

« Le maire de chaque commune doit,
» dans le courant de vendémiaire de chaque
» année, rendre compte au conseil muni-
» cipal des recettes & dépenses commu-
» nales de l'année précédente.

» Le conseil municipal examine, dis-

» cute & apure définitivement le compte ».
Loi du 15 frimaire an 6, art. 17.

CONFISCATION.

Les maires & adjoints municipaux qui
ont affisté à une faisie de marchandifes
ang'aifes, dont la confifcation a été ordonnée, ont une part dans le produit de
cette confifcation, par forme d'encouragement & d'indemnité. *Loi du 10 brumaire
an V, art. 16. Voyez marchandifes anglaifes.*

CONSCRIPTION MILITAIRE.

On entend par confcription militaire,
l'appel de tous les Français depuis l'âge
de 20 ans accomplis, jufqu'à celui de 25
ans révolus, que la loi appelle au fervice
militaire. *Loi du 19 fructidor an VI.*

Chque année, dans la première décade
de vendémiaire, le maire doit former des
tableaux de tous les Français de fon arrondiffement, foumis à la confcription militaire, pour l'armée de terre. *Même loi,
tit. 4, art. 24.*

Ces tab'eaux doivent êt^re faits féparément, c'affe par claffe, & chacun d'eux
ne comprend que les confcrits d'une même

classe; ils indiqueront les noms, prénoms, l'an, le mois, le jour de la naissance, la taille, la profession & la commune du domicile du conscrit. *Même loi, art.* 24.

Le maire doit faire de ces divers tableaux réunis, qu'un tableau général des conscrits du canton, qu'il doit envoyer au préfet dans le courant de vendémiaire. Voyez *déserteur, emprisonnement, destitution.*

Le maire est chargé de réunir les conscrits formant le contingent de la commune, d'après l'état qui lui est adressé par le sous-préfet.

Par la loi du 17 ventose an VIII, sur le complément de l'armée de terre, tous les conscrits de la première classe ont été mis à la disposition du gouvernement.

Les réquisitionnaires & les conscrits de toutes les classes qui ne pourroient supporter les fatigues de la guerre, ou ceux qui seront reconnus plus utiles à l'état en continuant leurs travaux ou leurs études, qu'en faisant partie de l'armée, font admis à se faire remplacer par un suppléant.

Les réquisitionnaires & les conscrits indigens, qui seront jugés incapables de supporter les fatigues de la guerre, ob-

tiendront des congés définitifs , fans condition de remp'acement ; cependant les
ré.uifitionnaires & conferits qui paieront
eux mêmes , ou dont les pères & mères
paieront plus de 50 francs pour toutes
leurs contributions directes réunies , ne
font point confidérés comme indigens.

Par l'article 4 de la même loi , tous les
réquifitionnaires & conferits qui ont pré-
cédemment obtenu des congés ou des
exemptions pour caufe de maladies, d'infirmités, ou d'inaptitude au fervice militaire, font tenus ou de rejoindre leurs
corps refpeéctifs, ou de fe faire remplacer
par un fuppléant, ou de payer 300 francs
pour l'habillement & l'équipement des
conferits nouvellement appelés par la
loi.

Les réquifitionnaires & les conferits indigens font exceptés des difpofitions de
l'article ci-deffus, ainfi que ceux qui ont
obtenu des congés de leurs corps militaires refpeéctis, pour caufe de bleffures
ou d'infirmités contraétées à la guerre.

Les peines prononcées par la loi du
24 brumaire an VI , contre les fonéction-
naires publics convaincus d'avoir négligé
de faire exécuter les loix relatives aux déferteurs & aux réquifitionnaires , font

applicables à ceux qui négligeroient de faire exécuter les loix, les règlemens militares & les arrêtés des consuls relatifs aux conscrits.

Les peines prononcées par les articles 4, 5, 6 & 7 de la même loi, sont applicables aux Français non fonctionnaires qui se ont convaincus davoir recelé sciemment la personne d'un conscrit, d'avoir favorisé son évasion ou de l'avoir soustrait d'une manière quelconque aux poursuites ordonnées par les loix.

CONTREFAÇON.

La contrefaçon des productions de l'esprit est un délit qui entraîne trois sortes de peines ; savoir, la confiscation de l'ouvrage contrefait, une indemnité au profit de l'auteur, & enfin une amende envers le trésor public. *Loi du* 19 *juillet* 1793.

La saisie de pareils ouvrages appartient aux juges de paix, comme une suite de leurs fonctions. *Loi du* 3 *brumaire an IV.*

Néanmoins, en cas d'absence de la part du juge de paix, le maire ou son adjoint doivent faire la saisie, sauf à renvoyer le procès-verbal au juge de paix. *Ibid. art.* 36. *Circulaire du ministre de la justice, du* 21 *nivose an VII.* Voyez *auteurs.*

CONTRIBUTION COMMUNALE.

La contribution communale est celle qui a lieu entre les habitans & propriétaires d'une même commune, pour faire face à des engagemens ou à des dépenses qui ne font pas de nature à être acquittés sur les centimes additionnels & les droits de patentes.

Par exemple, pour un emprunt, pour des constructions locales, &c.

Cette contribution n'est forcée, qu'autant qu'elle est autorisée par une loi expresse, qui n'intervient qu'après les mesures & les précautions convenables. Voyez *emprunt*.

CONTRIBUTION FONCIÈRE.

La contribution foncière n'est point uniforme pour le cours de plusieurs années : elle est annuelle.

La contribution foncière a été réduite pour l'an 9, de 40 à 30 millions.

Tout le système de la contribution foncière s'est composé, pour cette année, de la loi du 25 ventose an 8, qui fixe de

40 à 30 millions la contribution de l'an 9.

Elle établit la répartition de la contribution perfonnelle de l'an 9, conformément à la loi du 3 nivofe an 7, entre les divers départemens, fauf la diminution d'un quart.

Elle charge les confeils généraux de département à répartir 5 centimes par franc en fus du principal des contributions directes, pour fonds de non valeur ; elle les autorife auffi à répartir féparément la fomme néceffaire pour leurs dépenfes & celles des arrondiffemens communaux , d'après la fixation provifoire qui en aura été faite, fans pouvoir excéder pour ces objets réunis dix centimes par franc de principal. Elle autorife également les confeils municipaux des villes , bourgs & villages à répartir la fomme néceffaire pour leurs dépenfes, d'après la fixation provifoire qui en aura été faite , fans qu'ils puiffent excéder cinq centimes par franc de principal.

La loi du 3 frimaire an 7 réunit, en huit titres, les difpofitions des différentes loix rendues fur cette contribution. Elle forme un code complet, à l'exception de la partie des décharges & reftitutions qui n'y font pas comprifes.

Il faut diſtinguer quatre objets princi-
paux en fait de contribution foncière :
ſavoir :

1°. Les objets qui ſont ſuſceptibles
d'impoſition ;

2°. La baſe de l'impoſition.

3°. Le mode de répartition.

4°. Le mode de perception.

Nous allons indiquer quel eſt le rapport
du maire , avec chacune des diverſes
parties.

§. Ier.

Objets impoſables.

Ce ſont toutes les propriétés foncières,
à l'exception de celles qui ont été déter-
minées par la loi pour l'encouragement
de l'agriculture ou pour l'intérêt général
de la ſociété.

Les propriétés foncières ne ſont pas
impoſables , en raiſon du prix de leur ca-
pital, mais en raiſon ſeulement de leur
revenu net ; & ſous le nom de revenu, il
faut entendre ce qui reſte au propriétaire,
déduction faite ſur le produit brut, des
frais de culture, ſemences, récoltes &
entretien; & s'il s'agit de maiſons, de

fabriques, forges, moulins & autres ufines, il faut faire déduction des frais d'entretien ou de réparation. *Loi du 3 frimaire an 7, art. 2, 3 & 5.*

Pour arriver à connoître le revenu net d'une propriété impofable, on le ca'cule fur un nombre d'années déterminé.

§. I I.

Bafe de l'impofition.

La bafe de l'impofition forcière eft la fixation que le corps légiflatif a déterminés par un décret fpécial.

Cette bafe primitive fe divife entre les départemens, & fe fubdivife entre les cantons & les communes, & enfin entre les individus.

Chaque divifion & fubdivifion devient donc une bafe particulière qui fert à régler l'impofition.

Ainfi, les départemens font impofés en raifon du montant de la taxe générale du territoire français.

Les cantons font plus ou moins chargés, en proportion de l'impofition du contingent du département.

La taxe du canton détermine la charge de chaque commune, & cette dernière répartition règle le fort des propriétés individuelles.

Le revenu de chaque propriété étant le seul objet qui foit accessible à la contribution foncière, & le revenu étant susceptible de variation, il a encore fallu adopter une base uniforme pour régler la valeur de ce revenu. En voici le tableau.

Terres labourables. -- Le revenu imposable des terres labourables, est calculé sur quinze années, en rejettant les deux plus fortes & les deux plus foibles.

Les répartiteurs doivent d'abord s'assurer de la nature des produits qu'elles peuvent donner, en s'en tenant aux cultures généralement usitées dans la commune, telles que froment, seigle, orge & autres grains de toute espèce, lin, chanvre, tabac, plantes oléagineuses, à teinture, &c. Ils supputeront ensuite quelle est la valeur du produit brut qu'elles peuvent rendre année commune, en les supposant cultivées, sans travaux ni dépenses extraordinaires, mais selon la coutume du pays, avec les alternats & dessolemens d'usage, & en formant l'année commune sur quinze années antérieures, moins les

deux plus fortes & les deux plus foibles.
Art. 56.

Observez que dans les quinze années antérieures, il n'est pas permis de comprendre les années qui ont été soumises au cours du papier-monnaie, à compter du 1er janvier 1791. (v. style.)

Lorsque le produit brut de l'année commune a ainsi été déterminé, il en faut déduire les frais de culture, semence, récolte & entretien ; & ce qui reste forme le revenu net & imposable, & est porté comme tel sur l'état.

Jardins potagers. -- Leur revenu annuel s'estime d'après le produit possible de leur location, formant l'année commune, sur quinze années antérieures, comme pour les terres labourables ; mais, dans aucun cas, ils ne peuvent être évalués au-dessous des meilleures terres labourables du canton.

Jardins d'agrément. -- Tels que parterres, pièces d'eau, avenues, bosquets, &c., sont portés au taux des meilleures terres labourables.

Vignes. -- De quinze années une du produit brut, sur quoi il faut déduire les frais de culture, de récolte, d'entretien & de pressoir.

Et en outre, un qunzième de ce produit brut, en confidération des frais de dépériffement annuel, de replantation partielle, &c.

Prairies naturelles. -- De quinze années une, déduction faite des frais d'entretien et de récolte.

Prairies artificielles. -- Ne font évaluées que comme les terres labourables d'égale qualté.

Pâtures, marais, bas-prés. -- La comparaifon des années antérieures n'éant pas praticable pour ces objets, la loi laiffe à la confcience des répartiteurs à évaluer le produit annuel, déduction faite des droits d'entretien.

Terres vaines & vagues, landes, bruyères. -- Comme pour l'objet ci-deffus, avec cette condtion, que leur cotifation ne pourra être au-deffous d'un décime par hectare.

Bois. *Voyez* les art. 67, 68, 69, 70, 71, 72, 73, 74, 75, 76, 77, 78, 79, 80, 81, 82, 83, jufqu'à l'art. 96.

Ces diverfes évaluations doivent être faites fans avoir égard aux rentes conftituées ou foncières, ou autres hypothèques dont la propriété fe trouveroit grevée, fauf aux propriétaires à faire les retenues de droit.

§ I I I.

Du mode de répartition.

C'eſt le maire qui diſtribue entre les diverſes communes de ſon arrondiſſement le contingent du canton qui lui a été tranſmis par le conſeil généval de dépar-tement.

Lorſque le tableau de cette répartition a été viſé par le conſeil général de dé-partement, ce dernier adreſſe à chaque maire le mandement contenant la fixation du contingent de ſa commune, 1°. en principal; 2°. en centimes additionnels, tant pour les fonds de non-valeurs que pour les dépenſes départementales; 3°. en centimes additionnels pour les dépenſes municipales; 4°. en centimes additionnels pour les dépenſes communales.

C'eſt le montant de cette cotiſation qui doit être réparti entre les divers individus de la commune, en proportion de leurs propriétés foncières.

Il n'eſt pas néceſſaire de recommencer chaque année une nouvelle matrice de rôle; il ſuffit de celle de l'année précé-dente, en y apportant néanmoins les changemens exigés par les mutations survenues dans l'intervalle d'une année à l'autre.

Dans la première décade de thermidor de chaque année, le maire ou son adjoint doit convoquer les répartiteurs, à l'effet d'examiner la matrice du rôle de l'année, y faire les changemens convenables, & même la renouveler, s'il y a lieu. *Art.* 31.

Le sous-préfet doit être appelé à l'assemblée des répartiteurs; il a même le droit de convoquer les répartiteurs, dans le cas de retard de la part du maire ou de l'adjoint.

Les changemens à faire sur la matrice du rôle, s'effectuent par le moyen d'un état ou relevé des mutations de propriété survenues parmi les contribuables, & qui est fourni aux répartiteurs par le secrétaire de la mairie.

Il existe à cet effet, au secrétariat de la mairie, un registre particulier sous le nom de livre des mutations, sur lequel les parties intéressées doivent faire inscrire les mutations; & c'est sur un extrait de ce livre, que les répartiteurs forment leur état de changement, qui doit être annexé à la matrice du rôle, après avoir été arrêté & signé des répartiteurs, & visé par le maire & le sous-préfet.

Quand les changemens font tels qu'ils exigent le renouvellement de la matrice du rôle, ce renouvellement n'eft permis que fur la demande du maire, & fur l'autorifation du confeil général de département.

Les répartiteurs procèdent à ce renouvellement, en compofant un tableau indicatif du nom & des limites des différentes divifions ou fections du territoire de la commune.

Ces divifions s'appellent fections, & chacune d'elles eft défignée par une lettre alphabétique. Ce tableau doit être proclamé & affiché dans la commune.

Enfuite les répartiteurs forment un fecond tableau indicatif des différentes propriétés renfermées dans chaque fection; & ce tableau s'appelle état de fection, de la manière qui eft indiquée au mot *Etat de fection*.

Quand l'état de fection eft clos & arrêté, les répartiteurs procèdent à l'évaluation du revenu impofable, qui eft portée fur une colonne laiffée en blanc.

Pour cet effet, ils fe tranfportent enfemble fur les différentes fections, & y font l'évaluation de chaque propriété dans l'ordre où elle fe trouve portée dans l'état de section, & ils arrêtent cette évaluation à la majori é des voix, l'écrivent ou la font écrire en leur préfence & en toutes lettres fur la colonne réfervée, à côté de l'article. Cette évaluation doit être fignée de ceux qui favent figner.

Cette dernière opération termine la fonct'on des répartiteurs : les états de fection font remis par le maire au fous-préfet, pour fervir à la rédaction de la matrice du rôle de la commune.

La direction des contributions eft chargée de rédiger la matrice du rôle, fur le dépouillement de ces états, en rapprochant les différens articles qui font relatifs au même propriétaire, & en fe conformant aux mefures indiquées par l'article 51.

Lorfque fon travail eft achevé, elle le communique aux répartiteurs, qui, après l'avoir comparé aux états de fection & s'être affurés de fon exactitude, l'arrêtent & le fignent. *Art.* 52.

La direction en prend une copie certifiée qu'il envoie au préfet, & elle laiffe l'original au maire, auquel elle remet encore les états de fections qui ont fervi à la confection de la matrice du rôle, en retirant fon récépiffé.

Le maire, dépofitaire de cette matrice,

doit la remettre au fecrétariat de la mairie, dans le délai de dix jours, en prenant la précaution de faire infcrire la mention de cette remife fur le regiftre d'ordre ; le tout figné, tant de lui que du fecrétaire.

§ I V.

Du mode de perception.

Parmi les devoirs impofés aux percepteurs, eft celui d'émarger en toutes lettres fur leurs rôles , & à côté des articles d'impofition, les différens paiemens, & au même inftant qu'ils les recevront.

Toute contravention à cette condition entraîne une amende depuis 10 francs jufqu'à 25 francs, par voie de police correctionnelle, & peut être dénoncée par le maire ou l'adjoint.

Le percepteur doit , indépendamment du rôle de contribution ; tenir un relevé ou bordereau fur lequel il rapportera, jour par jour, les noms des contribuables, les paiemens qu'il aura reçus, avec les noms des contribuables qui les auront effectués ; & tous les dix jours au moins, ils doivent faire clore & arrêter ce bordereau par le maire ou l'adjoint, ou par le fous-préfet. *Art.* 143.

Le maire ou son adjoint peuvent se faire représenter par le percepteur, toutes les fois qu'ils le jugent à propos, les rôles des contributions publiques, en prendre des relevés des recouvremens, constater les infractions & en faire rapport au sous-préfet. *Art.* 144.

Voyez *le dernier arrêté des consuls, qui se trouve à la fin du second volume.*

CONTRIBUTION PERSONNELLE.

Avant la révolution, il existoit une contribution personnelle, sous le nom de capitation.

La capitation fut supprimée par l'assemblée constituante, & remplacée par la contribution mobiliaire, qui subsista jusqu'en l'an 3.

A cette époque, la contribution mobiliaire fut fortifiée d'une contribution personnelle & somptuaire, établie par la loi du 7 thermidor an 3.

En l'an 5, ces trois espèces de contributions furent réunies sous la dénomination de contribution personnelle, mobiliaire & somptuaire. *Loix du 9 germinal & 14 fructidor an 5.*

La taxe personnelle est uniforme pour tous les contribuables, & consiste en trois journées de travail. La quotité de cette journée varie depuis 50 centimes ou 10 f. jusqu'à 150 centimes ou 1 l v. 10 f. ; & c'est au conseil général de département à fixer cette quotité pour chaque municipalité de son ressort. *Deuxième loi du 3 nivose an 7, art. 5.*

La taxe mobiliaire prend sa base dans le montant du loyer, à raison du marc le franc, pour compléter ce qui reste à payer, prélévement fait de la contribution personnelle. *Deuxième loi du 3 nivose an 7, art. 21.*

A l'égard de la taxe somptuaire, elle porte sur les domestiques, chevaux & voitures. *Première loi du 3 nivose an 7, art. 6, 7, 8 & suiv.*

Lorsque la loi qui contient le contingent des diverses dépenses de la république, est parvenue au conseil général de département, celui-ci doit, dans les cinq jours de la réception, procéder à la répartition de ce contingent, entre les cantons de son ressort, d'après les formes établies par l'art. 7 & suiv. de la loi du 3 nivose an 7.

Le mandement qui contient l'état de ce contingent, tant en principal qu'en centimes additionnels, doit être envoyé sans délai à chaque maire.

Dans les cinq jours de la réception du

mandement du conseil général du département, chaque maire doit faire, entre les communes de son arrondissement, la répartition du contingent qui a été appliquée au canton, & suivant le procédé indiqué par les articles 11 & 12 de la loi du 3 nivôse an 7.

Lorsque cette répartition est arrêtée, une copie du tableau de la répartition doit être sur-le-champ adressée au conseil général de département, qui, après avoir visé le tableau, en a à faire trois expéditions, dont l'une est envoyée au maire, l'autre au receveur général du département, & la troisième au ministre des finances.

Quand il y a réclamation, de la part d'une commune, contre l'exagération du contingent pour lequel elle a été employée dans le tableau de répartition, cette réclamation ne peut être produite au conseil général du département, que par l'organe du maire ou de l'adjoint, & sur l'avis des répartiteurs. *Loi du 3 nivôse an 7, art. 15.*

Lorsque le tableau de répartition est rectifié, le conseil général de département envoie au maire un mandement contenant fixation du contingent de sa commune; 1°. en principal; 2°. en centimes additionnels pour les fonds de non-valeurs

& dépenses départemen ales; 3°. en centimes additionnels pour les dépenses municipales ; 4°. en centimes additionnels pour les dépenses communales.

Dans les cinq jours qui suivent la réception de ce mandement, le maire & les répartiteurs procèdent à l'assiète & distribution du contingent de la commune, à commencer par la contribution personnelle ; & ce qui reste se convertit en contribution mobiliaire, au marc le franc de la valeur du loyer d'habitation personnelle de chaque habitant déjà porté à la contribution personnelle. *Loi du 3 nivose an 7, art. 18 & suiv.*

Les loyers des célibataires font surhaussés de moitié de leur valeur. *Ibid, art.* **23.**

Après cette expédition, le rôle est expédié & mis en recouvrement dans les formes & délais prescrits par la loi du 22 brumaire an 6, portant création d'une agence des contributions directes.

Dans tout ce qui vient d'être dit, il n'a été question que de la contribution personnelle & mobiliaire, sans y comprendre la taxe somptuaire, dont nous parlerons à l'article *Taxe somptuaire. Voyez* la lettre du ministre des finances, du 18 nivose an 7, recueil de Gueffier.

CORRESPONDANCE.

Lorſque les maires ſont embarraſſés par des difficultés, ils ne doivent point conſulter les miniſtres; ils doivent adreſſer leurs doutes au préfet du département, qui eſt à portée de réſoudre leurs queſtions, à l'aide des inſtructions générales & uniformes qu'il reçoit de la part du gouvernement.

Les lettres, queſtions ou mémoires adreſſés aux miniſtres par les maires, ſoit pour leur déférer des queſtions, ou demander des inſtructions, ſoit pour leur envoyer des réſultats particuliers, reſtent ſans réponſe, ou ſont envoyés aux autorités compétentes pour les recevoir.

COSTUME.

Le coſtume des maires & adjoints qui ſont à la nomination du premier conſul, a été déterminé par l'arrêté des conſuls, du 8 meſſidor an VIII, ainſi qu'il ſuit :

Le coſtume des maires eſt compoſé de l'habit bleu complet, auquel ils ajouteront des boutons d'argent, & un triple liſéré uni brodé en argent au collet, aux poches & aux paremens; le chapeau à la françaiſe, avec une ganſe & un bouton d'argent, &

une arme; & une ceinture à franges blanches.

Le costume des adjoints sera le même, excepté qu'ils n'auront que deux rangs de liséré brodé.

Le secrétaire de la municipalité n'aura qu'un rang de liséré.

Le costume des maires nommés par le préfet, est un habit bleu & une ceinture rouge à franges tricolores. Les adjoints portent le même habit que les maires, & une ceinture rouge à franges blanches; ils portent un chapeau français uni.

C U L T E.

La police du culte, dans son état actuel, offre quatre divisions: 1°. le culte; 2°. les personnes; 3°. le lieu; 4°. le mode.

§. I.

Du culte.

Toute espèce de culte est autorisée dans la République, & l'une des conditions essentielles dans notre régime constitutionnel, est de laisser à chacun, français ou étranger, le droit de pratiquer telle religion que ce soit, suivant sa conscience, son opinion & sa croyance; & il n'est permis à nulle autorité constituée, de porter atteinte à cette liberté.

L'art.

L'art. 3 de la loi du 7 vendémiaire an IV, défend, fous peine d'emprifonnement et d'amende, à tous juges & adminiftrateurs, d'interpofer leur autorité, & à tous individus d'employer des voies de fait, les injures ou les menaces pour contraindre un ou plufieurs individus, à célébrer certaines têtes religieufes, à obferver tel ou tel jour de repos, ou pour empêcher lefdits individus de les célébrer ou de les obferver, foit en forçant à ouvrir ou fermer les ateliers, boutiques ou magafins, foit en empêchant les travaux agricoles, & de telle autre manière que ce foit.

Nonobftant cette extrême latitude, que les loix laiffent à l'exercice des cultes, il y a une exception pour un certain cas : c'eft celui d'un culte qui compromettroit la pureté des mœurs ou de l'humanité, telles que les proftitutions ou les facrifices fanglans. On conçoit que ce n'eft pas à un culte de cette efpèce, que s'applique la liberté des cultes. A la première nouvelle que le maire recevroit de l'introduction d'un culte auffi dangereux, fon devoir feroit d'en donner avis au fous-préfet qui prendroit bientôt lui-même les mefures néceffaires pour prévenir ce défordre.

E

§. I I.

Les personnes.

Les personnes considérées sous leur rapport avec le culte, peuvent se distribuer en trois classes :

1°. Les personnes qui remplissent une fonction active dans l'exercice des cultes, & qui en font une portion intégrante sous le nom de ministres des cultes.

2°. Les personnes qui ne participent au culte que par leur assistance & leur croyance.

3°. Celles qui ne font dans aucune de ces deux classes, soit parce qu'elles professent un culte étranger , soit parce qu'elles n'en adoptent aucun.

Chacune de ces trois classes est soumise à un régime de police qui mérite la plus grande attention.

Des ministres des cultes.

Quiconque se propose de remplir le ministère d'un culte, quel qu'il soit, dans une commune au-dessous de 5000 habitans , doit avant tout, se transporter devant le maire, & faire purement & simplement , la déclaration suivante : *Je promets d'être fidèle à la constitution.* Toute autre formule de serment ou déclaration est abrogée.

Les préfets, sous-préfets et maires doivent admettre à la déclaration de fidelité à la constitution, tous les minist es d'un culte quelconque, sans ógard à leur état politique, antérieurement au 21 n vose de l'an 8, c'est-à-dire, sans examiner si ces ministres étoient ou non assujettis à aucun des sermens prescrits par les loix précédentes. Voyez *la circulaire du ministre de la police, du 26 prairial an 8.*

§. I I I.

Des personnes qui pratiquent un culte, sans y faire les fonctions de ministres.

Ces personnes sont sous la sauve-garde & la protection des loix, pour le libre exercice de leur religion ; mais en mêmetems elles doivent s'abstenir de toutes entreprises ou démarches qui tendroient à rendre leur culte exclusif ou dominant, à lui donner quelque préexcellence ur les autres cultes. Elles ne doivent en nom collectif, ni louer, ni acquérir un local pour l'exercice des cultes, établir aucune dotation, ni aucune taxe forcée pour les frais du culte ou logement des ministres. Il y a peine d'amende & d'emprisonnement contre ceux qui tenteroient, par injures ou par men ces, de contraindre un ou plusieurs individus de contribuer aux frais d'un culte, ou qui feroient les inftigateurs de ces menaces & injures. *Loi du 7 vendémiaire an IV, tit. 4, art. 12.*

Tous actes, délibérations, contrats ou rôles faits en contravention de cette prohibition, font nuls & comme non avenus, & s'il arrivoit que le maire ou fon adjoint les euffent fignés, ils feroient fujets à une amende de 500 francs, avec emprifonnement, qui peut être étendu jufqu'à fix mois. *Loi du 7 vendémiaire an IV, tit. 4, fection première, article 9.*

§. I V.

Des perfonnes étrangères au culte.

Je comprends fous cette défignation les perfonnes qui s'abftiennent d'un culte, foit parce qu'elles profeffent une religion différente, ou parce qu'elles n'en profeffent aucune.

L'exercice d'un culte eft protégé par les loix contre les attaques de ces deux efpèces de perfonnes ; quiconque pratique un culte, ne doit éprouver aucun trouble, aucune inquiétation, aucun danger, foit en allant au lieu deftiné à l'exercice de fon culte, foit en revenant, foit pendant fon affiftance aux cérémonies religieufes. Les objets de fa vénération ne doivent éprouver ni outrage, ni dérifion ; & le maire doit, à cet égard, uſer de beaucoup de fermeté & de ſageſſe, en ayant ſans ceſſe ſous les yeux les diſpoſitions de la loi.

La loi du 7 vendémiaire an IV, garantit le libre exercice de tous les cultes, en prononçant la condamnation d'une amende de 500 francs, & de l'empriſonnement contre ceux qui outrageront les objets d'un culte quelconque, dans les lieux deſtinés à ſon exercice, ou qui interrompront, par un trouble public, les cérémonies religieuſes de quelque culte que ce ſoit. *Loi du 7 vendémiaire an IV, tit. 2, art. 2.*

Si le trouble étoit accompagné de violence, le coupable ſeroit traduit au tribunal criminel, &, dans tous les cas, le maire doit dreſſer un procès-verbal, & faire ſaiſir & arrêter le coupable ſur-le-champ, pour le renvoyer enſuite au juge de paix, conformément à l'article 11 du titre 2 de la loi du 22 juillet 1791, qui a été confirmé par l'article 10 de la loi du 3 ventoſe an III.

§. V.

Des lieux où ſe pratique le culte.

Les particuliers peuvent ſe livrer, dans leurs maiſons, à l'exercice du culte, pourvu qu'outre les individus qui ont le même domicile, il n'y ait pas à l'occaſion de ces

mêmes cérémonies , un raffemblement
excédant dix perfonnes. *Loi du 7 vendémiaire
an IV, tit. 4 , art. 16.*

Lorfqu'un ou plufieurs particuliers ont
deftiné un lieu pour l'exercice d'un culte
quelconque, la première précaution qu'ils
doivent prendre, eft d'en faire la déclaration au maire, avec l'indication fuffifante ,
pour le mettre à portée d'en connoître
parfaitement la fituation. Cette déclaration doit être tranfcrite , par le maire, fur
le regiftre de la commune, & l'expédition
envoyée au greffe de la police correctionnelle du canton.

Il eft défendu à tous miniftres de culte,
& à tous individus, à peine d'amende &
d'emprifonnement, d'ufer de cet édifice
avant que la formalité de cette déclaration
ait été remplie. *Loi du 7 vendémiaire, art. 17.*

C'eft dans cette enceinte feulement que
l'exercice du culte doit êre concentré,
fans aucune manifeftation au-dehors.

« Les cérémonies de tous cultes , porte
l'art. 16 de la loi du 7 vendémiaire, font
interdites hors l'enceinte de l'édifice choifi
pour leur exercice, fous peine d'amende
& emprifonnement contre les délinquants. »

C'eft par une fuite de cette concentra-
tion qu'il eft défendu aux miniftres des

cultes de paroître en public avec les habits,
ornemens ou coftumes affectés à des cérémonies religieufes. *Même loi, art. 19.* ——
Parce que ces ornemens & coftumes font
confidérés comme les fignes extérieurs du
culte.

Par la même raifon, aucun figne, aucune
effigie, ou fimulacres particuliers à un
certain culte, ne doit être élevé, fixé ou
attaché hors l'enceinte des édifices con-
facrés au culte. *Même loi, art. 13.*

Il faut néanmoins excepter l'intérieur
des maifons des particuliers, les ateliers ou
magafins des artiftes & marchands & les
édifices publics deftinés à recueillir les
monumens des arts. *Même loi, art. 13.*

Aucune infcription ne doit être appofée
fur l'édifice, pour en indiquer la deftination. *Loi du 3 ventofe an III, art. 7.*

Aucune proclamation ni convocation
publique ne doit être faite pour appeler
les citoyens à l'exercice du culte, foit au
fon des cloches, foit de toute autre manière, fous peine d'emprifonnement contre
les individus, & les miniftres du culte, &
même de déportation contre ceux ci, en
cas de récidive. *Même loi, art. 7; & loi
du 22 germinal an IV, art. 1 & 2.*

§. V I.

Du mode d'exercice des cultes.

La loi en autorisant la liberté des cultes dans l'intérieur des édifices qui y sont consacrés, a réservé aux autorités constituées le droit de surveillance, qui s'étend sur toutes espèces de rassemblemens licites, quelque soit leur objet. *Loi du 7 vendémiaire an III, art.* 1.

Cette surveillance exercée par le maire, se renferme dans les mesures de police & de sûreté générale, sans pouvoir s'immiscer dans ce qui appartient à la matière intrinsèque des cultes, sauf néanmoins, (ainsi qu'il a été déja observé ci-dessus) le cas où les cérémonies du culte seroient attentatoires aux bonnes mœurs ou à l'humanité.

Hors ce cas, la compétence du maire se réduit à exercer la police ordinaire de tranquillité & sûreté;

Et de plus à surveiller qu'il ne soit porté aucune atteinte au régime constitutionnel, par des prédications ou des discours séditieux, & à dresser procès-verbal des cérémonies qui s'assimileroient aux délits in-

diqués par les articles 23 & 24 de la loi
du 7 vendémiaire an IV.

D É C A — D É C I.

Ce sont deux termes dont l'intelligence
est indispensable pour l'usage des nouvelles
mesures.

Mis au-devant d'une mesure quelconque, ils en augmentent ou diminuent la
quantité, ainsi qu'il suit :

Déca est un *augmentatif* de la mesure ; il
la *décuple*, c'est-à-dire qu'il indique dix
quantités.

Ainsi, *déca-mètre* signifie dix *mètres* ; *déca-litre*, dix *litres* ; *déca-grame*, dix *grames* ;
déca-stère, dix *stères*, ainsi du reste.

Au contraire, le mot *déci* est un *diminutif* qui réduit à un dixième la *mesure* à
laquelle il est joint.

Ainsi, *décimètre* indique la dixième partie
d'un *mètre* ; *déci litre*, la dixième partie d'un
litre ; *déci-stère* la dixième partie d'un *stère* ;
déci-are, la dixième partie d'un *are*. Voyez
mesures républicaines.

D É C È s.

Lorsqu'un individu vient à décéder dans
une commune où il y a un maire, deux

des plus proches parens ou voïsins doivent, aux termes de la loi du 20 septembre 1792, titre 4, art. premier, lui en faire la déclaration dans les 24 heures.

Mais une loi additionnelle du 19 décembre suivant, article premier, a étendu ce délai à trois jours, en y ajoutant la peine de prison prononcée par voie de police correctionnelle.

Les déclarations de décès doivent toujours être faites avant l'inhumation, sous peine de prison. *Loi du 19 décembre* 1792, *art.* 1.

Sur cette déclaration le maire doit se transporter au lieu où la personne est décédée, & après s'être assuré du décès, il en dressera l'acte sur les registres doubles. Cet acte contiendra les prénoms, noms, âge, profession & domicile de l'individu décédé ; s'il est marié ou veuf : dans les deux cas, les noms, prénoms, âge, profession & domicile des déclarans, & s'ils sont parens, leur degré de parenté.

Il faut même y faire mention, autant qu'on pourra le savoir, des noms, prénoms, profession & domicile des père & mère du décédé, & du lieu de sa naissance.

L'acte doit être signé par les déclarans & par le maire ; à l'égard des déclarans qui

ne favent pas figner, il en fait mention
dans l'acte.

Si le décès eft furvenu dans les hôpi-
taux, maifons publiques, ou dans une
maifon tierce, les fupérieurs, adminiftrateurs & maîtres de ces maifons, doivent
en donner avis, dans le délai de trois jours,
au maire, qui dreffera l'acte de décès, fur
les déclarations qui lui auront été faites &
fur les renfeignemens qu'il fe fera pro-
curé concernant les noms, prénoms, âge,
lieu de naiffance, profeffion et domicile
du décédé.

Si le maire a connoiffance du domicile
du décédé, il eft tenu d'envoyer un extrait
de l'acte du décès à l'officier public de ce
domicile, qui, de fon côé, eft tenu de le
tranfcrire fur fes regiftres. Par conféquent, le maire qui reçoit de la part
d'un officier public d'un autre canton, un
pareil envoi, eft obligé d'en faire fans
délai la tranfcription fur fes reg.ftres. *Loi
du 20 feptembre 1792, tit. 5.*

Lorfque le maire découvre fur le corps
du décédé quelques fignes ou indices de
mort violente, ou qu'il eft conduit par
quelques circonftances à foupçonner cette
caufe, il doit en fufpendre l'inhumation,
& dreffer fon procès-verbal, aux termes

de l'article 2 du titre 3 de la loi du 29 septembre 1791, sur la police de sûreté.

C'est-à-dire, qu'il doit appeller un chirurgien ou autres gens de l'art, & dresse conjointement avec eux son procès-verbal de l'état du cadavre, & de toutes les circonstances qui peuvent servir de renseignemens & de conviction.

Il doit entendre les déclarations des parens, voisins, ou domestiques du décédé, ou ceux qui se sont trouvés en sa compagnie avant son décès, recevoir sur-le-champ leurs déclarations, & les interpeller de signer ou de déclarer s'ils ne le savent faire.

Le maire a même le droit de défendre que qui que ce soit ne sorte de la maison, ou ne s'éloigne du lieu dans lequel le mort aura été trouvé, & ce jusqu'à la clôture du procès-verbal & des déclarations.

Mais c'est-là que se termine le ministère du maire; le surplus de l'instruction regarde le juge-de-paix, auquel il doit promptement donner avis de ce qui se passe, afin que celui-ci développe à son tour les moyens de police de sûreté, que lui fournit sa qualité. *Loi du 29 septembre 1791, tit. 3, art. 2, 3, 4 & 5.*

Après ces formalités remplies, le maire doit laisser effectuer l'inhumation.

D É C L A R A T I O N S.

Il entre dans les fonctions des maires de recevoir, en certains cas, les déclarations de la part de ceux qui y sont assujettis.

Par exemple, en matière de culte, le maire reçoit & inscrit sur le registre de la commune, la déclaration des citoyens qui auront choisi un édifice, pour y pratiquer publiquement un culte quelconque. *Loi du 7 vendémiaire an* IV, *art. 17.* Voyez *culte.*

Item, celle des ministres des cultes, prescrite par l'art. 5 de la loi du 7 vendémiaire.

Item, la déclaration des colporteurs, ou marchands ambulans, qui viennent s'établir dans une foire ou marché, sur les ouvrages d'or & d'argent qu'ils se proposent d'exposer en vente. Voyez *ouvrages d'or & d'argent.*

En qualité d'officier public de l'état civil, le maire reçoit les déclarations de naissance, de décès & d'adoption. Il reçoit encore les déclarations de paternité, exigées par la loi du 12 brumaire an II, pour assurer l'état des enfans nés hors mariages. Voyez *enfans naturels.*

Il lui est défendu, à l'égard sur-tout des déclarations de cette dernière espèce, d'y joindre aucunes notes, apostilles ni observations, n'étant en cette matière que le rédacteur fidèle des déclarations des parties. Voyez *destitution*.

Cette exactitude ne doit pas néanmoins s'étendre jusqu'aux déclarations qui seroient contraires aux bonnes mœurs & à l'ordre public.

Ainsi, un maire ne pourroit pas insérer dans l'acte de naissance de l'enfant issu pendant le mariage, des protestations faites par le mari contre sa paternité, ni même la déclaration de la mère, que l'enfant ne provient pas des œuvres de son mari.

Une pareille déclaration ayant été proposée à un officier de l'état civil, elle fut rejetée, & sa conduite fut approuvée par un decret motivé. *Décret du 19 floréal an II.*

Il reçoit les déclarations des contribuables, sur leurs facultés, conformément à l'art. 11, de la loi du 14 thermidor an V, à l'effet de déterminer leur cote-part dans les contributions mobiliaire, somptuaire & personnelle. Voyez *contribution*.

C'est encore devant lui, que doivent être faites les déclarations des propriétai-

res & détenteurs de bêtes à cornes, atteintes de maladie contagieuse. Voyez
bêtes à cornes, épizootie.

DÉCLARATION FISCALE.

Nous appelons ainsi la déclaration qui
est prescrite aux contribuables, pour assurer les droits du fisc & l'assiette des
taxes & contributions. Cette déclaration
porte ordinairement sur des objets qui ne
sont pas mis en évidence, & qui, renfer-
més dans l'intérieur des maisons ou des
familles, ont besoin d'être accusés pour
être connus.

Telle est la déclaration qui a été exigée
par la loi du 3 nivose an VII, de la part
des contribuables, à l'effet de procéder à
la confection des rôles des contributions
personnelle & mobilaire, & de la taxe
somptuaire.

Dans les cinq jours qui ont suivi la
publication de cette loi, tout citoyen a été
obligé de faire, soit par lui-même, soit
par un fondé de procuration, & en présence de l'agent municipal ou de l'adjoint
de la commune de son domicile, une déclaration qui indiqueroit :

1°. Son nom & son prénom,

2°. Son domicile.

3°. La valeur du loyer de son habitation personnelle.

4°. Le montant de son traitement ; s'il est fonctionnaire public, commis ou employé, salarié des deniers publics.

5°. Le nombre d'hommes ou de femmes qu'il a à ses gages.

6°. Celui des chevaux, mulets ou voitures de luxe qu'il possède.

7°. Enfin, s'il est célibataire, marié ou veuf. *Loi du 3 nivose an 7, art. 17.*

C'est cette déclaration qui sert de base au travail des répartitions. Voyez *contribution personnelle*, *répartitions* & *taxe somptuaire.*

DÉCLARATION DE GROSSESSE.

La déclaration de grossesse étoit une mesure de police qui avoit lieu sous l'ancienne législation ; elle étoit exigée avec la dernière sévérité de la part des filles & veuves, & elle avoit pour objet de prévenir un crime, suggéré par la honte d'une maternité illégitime. La législation actuelle ne contient rien qui puisse se rattacher à cette formalité ; d'où l'on peut conclure qu'elle est abolie.

DÉCLARATION DE PATERNITÉ.

On fait que les déclarations de la naif-fance doivent contenir les noms & pré-noms des père & mère de l'enfant, aux termes de l'art. 7 du titre 3 de la loi du 20 feptembre 1792.

Mais, à ce fujet, plufieurs maires ont été incertains fur la manière dont ils de-voient rédiger les déclarations de naiffance des enfans iffus hors de mariage.

Peuvent-ils exiger que la mère leur décline les noms & prénoms du père? Ont-i's le droit de recevoir la déclaration de paternité que la mère feroit volontai-rement, ou bien leur eft-il permis de réd'ger la déc'aration de naiffance, fans qu'il y foit fait mention du père?

Le miniftre de l'intérieur auxquels ces queftions ont été adreffées, les a réfolues par une circulaire du mois de ventofe an VII, adreffée aux adminiftrations cen-trales.

Le réfultat de cette décifion eft que les enfans nés hors mariage ne font pas com-pris dans la difpofition de l'art. 7, du tit. 3 de la loi du 20 feptembre 1792, & que les maires & adjoints ne doivent recevoir aucune déclaration de paternité lorsqu'elle n'est pas constante, soit par le mariage, soit par l'aveu du père, parce qu'aux yeux de la loi il n'y a de père que celui qui est désigné par une union légitime ou par sa propre déclaration.

Qu'ainsi ce seroit aller au-delà de la loi, de l'appliquer à une paternité équivoque ou illicite. D'ailleurs, une pareille déclaration auroit le double inconvénient d'être inutile aux intérêts de l'enfant, auquel elle ne fournit aucun titre, & de compromettre la réputation d'un tiers, en troublant la paix de sa maison. *Circulaire du ministre de l'intérieur, du 19 ventose an 7.*

DÉCLARATION RURALE.

La loi du 3 frimaire an VII exempte de la contribution foncière les terreins qui ont reçu des améliorations indiquées dans les articles 111 & suivans.

Mais pour jouir de ces avantages, le contribuable est tenu de faire sa déclaration au secrétariat de la municipalité, dans le territoire de laquelle ces terrains sont situés.

Dans la décade qui suit cette déclaration, le maire ou l'adjoint, accompagnés de deux répartiteurs, doivent faire la visite

des terrains déclarés; dresser procès-verbal
de leur état, & le communiquer, ainsi
que la déclaration aux autres répartiteurs.
Ce procès-ve bal est affiché pendant deux
décades, tant dans la commune de la situation des biens, qu'au chef-lieu du canton ;
il est rédigé sans frais & sur papier non
timbré. *Loi du 3 frimaire an 7, art. 117,
118 & 119.*

Cette publicité a pour objet de mettre
chacun des contribuables à portée de
contester la déclaration, & de fournir au
conseil municipal les observations sur le
procès-verbal de visite, *ibid, art.* 120.

Si la déclaration est reconnue sincère,
le conseil municipal arrête que le propriétaire jouira de l'exemption.

Au contraire, le conseil municipal prononce le rejet de la réclamation, sauf le
recours du propriétaire au conseil général
de département, *ibid, art.* 120. *Message du
12 thermidor an* IV.

DÉFENSEURS DE LA PATRIE.

Les propriétés des défenseurs de la patrie & des absens pour le service public,
sont mises sous la surveillance des maires
& adjoints de chaque commune.

Ils sont tenus, sous la responsabilité,

de dénoncer au sous-préfet, les atteintes qui pourroient être portées à ces propriétés. *Loi du 6 brumaire an V, art. 7.* Voyez *absens, agriculture.*

Il y a des exemples de défenseurs de la patrie inscrits sur la liste des émigrés, pendant qu'il étoient sous les drapeaux.

La loi du 4 fructidor an IV, a pris des mesures pour prévenir la vente de leurs biens, & en former la revendication.

Ce soin est confié à leurs parens ; à défaut de parens, le maire partage avec le juge de paix l'obligation de veiller aux droits des défenseurs de la patrie ; il lui est permis de réclamer d'office, auprès du préfet, la surséance à la vente des biens, en se soumettant à faire, dans les délais prescrits, la preuve que le prétendu émigré étoit aux drapeaux lors de son inscription sur la liste. *Loi du 4 fructidor an VI, art. 6.*

DÉLAIS.

Le maire, avant de prononcer un divorce, & d'en rédiger l'acte sur les registres, doit apporter la plus grande attention à vérifier si les délais exigés par la loi sur le divorce, ont été scrupuleusement observés : car s'il venoit à prononcer

le divorce, sans qu'il y eût exacte observation des délais, il encourroit la peine
de destitution, & une amende de 100 fr.,
sans préjudice des dommages & intérêts
envers les parties. *Loi du 20 septembre
1792, art. 9 de la section 5 du tit. 4.* Voyez
amende, destitution, divorce, responsabilité.

D É L I T S.

La surveillance de tous les délits contre
la sûreté des personnes ou des propriétés,
ou contre l'ordre public, qui se commettent dans une commune, appartient au
maire.

Dans le cas où il ne se trouve sur le lieu
ni juge de paix ni directeur de jury, il
représente à lui seul ces fonctionnaires,
pour ce qui concerne les procédures pré-
paratoires & d'instruction; car d'ailleurs,
il est obligé, aussi-tôt après, de renvoyer
les prévenus & les pièces, soit au juge de
paix, soit au directeur du jury.

Les droits & les devoirs du maire va-
rient dans ces occasions, suivant l'importance & la gravité des délits.

Quelquefois, quand il ne s'agit que
d'une simple infraction de police & de dis-
cipline, ses fonctions se bornent à dresser
des procès-verbaux de la contravention,

à recueillir les pièces à l'appui, s'il y en a ; envoyer le tout au sous-préfet, lequel fait ensuite citer les prévenus au tribunal de police municipale. *Loi du 3 brumaire an 4, art. 29.*

Quand il s'agit de délits forestiers & champêtres, le maire reçoit les dénonciations, dresse les procès-verbaux, recueille les indices, suit les objets volés dans les lieux où ils ont été transportés, les met en séquestre, fait des visites domiciliaires, des perquisitions, & envoie les prévenus devant le juge de paix du canton, si le cas est de nature à entraîner une peine qui excède la valeur de trois journées de travail, ou trois jours d'emprisonnement ; au cas contraire, il les transmet au sous-préfet. *Loi du 3 brumaire an 4, articles 41, 42, 43.*

Quant aux délits d'une nature plus grave, tels que les assassinats, vols dans les maisons, avec effraction, ou sur les grandes routes, attaques de voyageurs, de voitures, &c., si le juge de paix n'est pas sur les lieux où le délit a été commis, le maire est tenu de les constater par des procès-verbaux, de les lui dénoncer, de faire saisi les prévenus pris en flagrant délit, ou poursuivis à la clameur publique, & de les faire conduire devant le juge de paix. *Loi du 3 brumaire an 4, art. 36 & 83. Arrêté du directoire exécutif, du 2 germinal an 4, art. 10. Voyez arreſtation.*

Quelquefois même, il a le droit d'étendre ſes perquiſitions au dehors de ſa commune. Voyez *droits de ſuite.*

Il a même celui de décerner un mandat d'amener, dans les cas de vols à force ouverte, ſur les routes & dans les maiſons habitées. Voyez *mandats d'amener.*

DÉMOLITION.

Les démolitions ſont confiées à l'inſpection du maire, ſous deux rapports.

D'abord, afin qu'il n'en réſulte aucun accident ni aucun encombrement de la voie publique.

Pour remplir ce premier objet, il eſt enjoint aux propriétaires d'exécuter les réglemens de la voierie, & d'obéir à la ſommation qui leur ſera faite de réparer ou de démolir les édifices menaçant ruine ſur la voie publique. En cas de refus, le maire doit les traduire au tribunal de police. *Loi du 22 juillet 1791, art. 18.*

Le ſecond objet ſur lequel le maire doit porter ſon attention, en fait de démolition, eſt relatif au ſalpêtre.

Les ſalpêtriers commiſſionnés du gouvernement ont le droit d'enlever dans les arrondiſſemens qui leur ſont attribués, les matériaux ſalpêtrés provenant des démolitions.

A cet effet, les propriétaires qui veulent faire démolir, ou ceux qui en ſont chargés par eux, ne peuvent commencer l'opération, qu'après en avoir prévenu le maire, afin que le ſalpêtrier puiſſe en prendre connoiſſance.

Cet avertiſſement doit précéder d'une décade au moins la démolition, ſous peine d'une amende égale à la contribution mobiliaire du prépoſé ou principal locataire du bâtiment, & l'amende eſt double contre ceux qui auroient détourné, employé ou détérioré en tout ou partie les matériaux provenant de la démolition, ou qui s'oppoſeroient à leur enlèvement. *Loi du* 13 *fructidor an* 5, *art.* 2.

On ne peut rien exiger des ſalpêtriers pour le prix des matériaux qu'ils ont enlevé; mais le propriétaire eſt en droit d'exiger que le ſalpêtrier lui rende au même lieu, une quantité de matériaux d'un même volume. *Même loi, art.* 3. Voyez *ſalpêtre.*

DÉNONCIATION.

DÉNONCIATION.

Les dénonciations, confidérées fous leur rapport avec le maire, font de deux efpèces, favoir :

Celles qui peuvent être faites contre lui ;

Et celles qu'il eft obligé de recevoir.

§. I.

Des cas où le maire court le rifque d'être perfonnellement dénoncé.

Toutes les fois que les maires & adjoints fe font rendus coupables de contravention, ou même d'une fimple négligence dans l'exercice de leurs fonctions, ils courent le rifque d'être dénoncés aux autorités compétentes, pour en requérir ou prononcer la peine.

Entre les divers cas qui peuvent autorifer cette dénonciation, il fuffira de citer ceux qui fuivent :

1°. S'il arrivoit à un maire ou adjoint de défigner le ban de moiffon, ou de vendange, ou de fauchaifon, ou de fouffrir qu'il fût défigné par d'autres termes que ceux de l'annuaire ou calendrier républi-

F

cain. *Arrêté du directoire exécutif, du 14 germinal an VI, art.* 17. Voyez *ban de vendange.*

2°. S'il a négligé de donner avis au juge de paix du canton (lorsque celui-ci ne réside pas sur les lieux), du décès d'un individu, parmi les héritiers duquel se trouvoient des mineurs ou des absens, pour mettre le juge de paix promptement à portée de procéder à l'apposition des scellés. *Arrêté du directoire exécutif, du 22 prairial an V, art.* 2. Voyez *absence.*

3°. S'il a négligé de faire arracher les affiches & écriteaux de biens à louer, qui contiendroient des indications tirées de l'ancien calendrier. *Arrêté du directoire exécutif, du 14 germinal an VI, art.* 15.

4°. S'il a refusé d'assister les gardes champêtres & forestiers, dans la perquisition qu'ils se proposoient de faire chez des prévenus de vols & de dévastation dans des propriétés rurales. *Arrêté du directoire exécutif, du 4 nivose an V.* Voyez *assistance.*

5°. S'il est en retard de rédiger l'état qui doit être fait chaque mois, de ceux qui, dans l'étendue de la commune, sont assujettis au droit de patentes; (c'est le préfet qui est chargé de faire cette dénon-

ciation au miniſtre des finances). *Loi du
11 germinal an V, art. 4. Voyez patentes.*

6°. S'il eſt en retard de rendre ſon
compte de recettes & dépenſes communales ; (c'eſt le préfet qui doit le dénoncer
au commiſſaire du gouvernement près le
tribunal civil du département.) *Loi du 11
frimaire an VII, art. 64. Voyez comptabilité, dépenſes communales, recettes communales.*

§. 11.

Des dénonciations reçues par le maire.

Le maire ne peut ſe tranſporter chez des
prévenus de fabrication ou de diſtribution
de fauſſes monnoies, que ſur une dénonciation circonſtanciée du fait dont il s'agit,
revêtue des caractères exigés par la loi.
Loi du 3 brumaire an IV, art. 542.

Il ne peut également faire de viſites domiciliaires dans les maiſons où l'on tient
des jeux défendus, que ſur la dénonciation de deux citoyens domiciliés. *Loi du
22 juillet 1791, tit. premier, art. 10. Voyez
jeux défendus.*

DÉPENSES COMMUNALES.

On entend ici par dépenses communales, celles qui concernent une commune au-dessous de 5000 habitans.

Cet objet est une des dépenses de la république indiquées par la loi du 15 frimaire an VI, & par celle du 11 frimaire an VII.

Ces dépenses sont celles :

1°. De l'entretien du pavé, pour les parties qui ne sont pas grande route.

2°. De la voierie & des chemins vicinaux dans l'étendue de la commune.

3°. De l'entretien de l'horloge, des fontaines, halles & autres édifices publics.

4°. Des regiſtres deſtinés à l'état civil.

5°. De l'entretien des foſſés, aqueducs & ponts qui font à l'uſage particulier de la commune.

6°. Des frais de garde des bois communaux.

7°. Des remiſes accordées aux percepteurs des contributions foncières & perſonnelles.

8°. De la conſtitution foncière des biens communaux.

9°. Des frais de réverbères, lanternes ; ceux relatifs aux incendies, à l'enlèvement

des boues & autres objets de sûreté, propreté & salubrité.

10°. Enfin, des faux-frais de l'agence
municipale, encre, papier, plumes, &c.
Loi du 11 *frimaire an VII, art.* 4.

Les frais des pâtres & gardiens de troupeau commun, ne doivent pas être compris dans les dépenses communales. *Ibid.
art.* 6.

Le maire doit arrêter & envoyer, avant
le 30 thermidor de chaque année, l'état
détaillé des dépenses de chaque commune
de son ressort. *Ibid. art.* 18.

Lorsque cet état est vérifié & arrêté par
le préfet, est renvoyé au maire, accompagné du mandement.

Les dépenses communales se rembour-
sent par la voie des centimes additionnels
ajoutés à la cote de chaque contribuable
sur les rôles des contributions foncières
& personnelle. *Ibid. art.* 30.

Le percepteur de ces contributions étant
constitué dépositaire des deniers destinés
aux dépenses communales, il est chargé
de les acquitter sur les commandemens du
maire, & ce jusqu'à concurrence de l'état
duement arrêté, & dans la proportion des
rentrées successives des centimes additionnels destinés à y pourvoir, & des autres
revenus de la commune. *Ibid. art.* 31.

Une autre loi du même jour 11 frimaire an VII, a déterminé pour l'an VII le maximum des centimes additionnels, qui ne peuvent excéder 7 centimes & demi pour franc. *Art.* 2.

Quant aux dépenses communales arriérées de l'an VI, & années antérieures, la même loi y pourvoit par plusieurs mesures indiquées, & qui font la matière du titre 2.

Le maire est chargé de préparer l'exécution de ces mesures, en dressant, dans les quinze jours qui suivront la publication de la présente, l'état des dépenses de sa commune, arriérées de l'an VI & années antérieures ; il y joindra l'apperçu des recettes communales restant à faire pour les mêmes années, soit en recouvrement de centimes additionnels, soit en autres revenus.

Cet état doit être remis au conseil municipal du canton, qui l'examinera & l'arrêtera provisoirement. *Loi du* 11 *frimaire an VII, art.* 16.

DÉSERTEURS

& Réquisitionnaires. Voyez *responsabilité.*

Les préfets, sous-préfets & maires, seront tenus, sous leur responsabilité perfonnelle, de coopérer de tout leur pouvoir à affurer l'effet des mefures qui feront prifes par la gendarmerie, pour l'arreftation des militaires, réquifitionnaires & déferteurs, foit en fourniffant la lifte de ceux qui fe trouveront dans leurs refforts refpectifs, foit en prêtant main forte, en cas de befoin, conformément à la loi du 21 brumaire an V, fous les peines portées par cette loi & par celle du 24 brumaire an VI. *Arrêté du directoi e exécutif, du 3 fructidor an VI, art. 2.*

DESTITUTION.

C'eft une peine que la loi attache, en plufieurs occafions, aux contraventions commifes par les maires & adjoints, & dont voici quelques exemples :

1°. Elle eft prononcée par l'art. 9 de la fection 5, du tit. 4, de la loi du 20 feptembre 1792, pour caufe de négligence fur la vérification des délais, des actes & jugemens exigés pour autorifer la prononci tion du divo ce. Voyez *divorce.*

2°. Si le maire s'eft permis dans quelques actes, extrait ou expédition, de défigner des citoyens autrement que par leur nom de famille, & par des furnoms qui rappelleroient des qualités féod les ou nobiliaires. *Loi du 8 pluviose an II, 6 fructidor an II, art. 4. Voyez actes, amende.*

3°. Si le maire insère dans un acte qu'il reçoit, en qualité d'officier de l'état civil, d'autres énonciations que celles qui sont portées aux déclarations des parties. *Loi du 20 septembre 1792. Voyez état civil.*

4°. S'il a gardé le silence sur la mutilation faite à l'arbre de la liberté. *Arrêté du directoire exécutif, du 7 germinal an IV. Voyez arbre de la liberté.*

5°. S'il est contrevenu à la loi qui défend d'inscrire les actes, relatifs à l'état civil, sur des feuilles volantes. *Loi du 20 septembre 1792, tit. 2, art. 5. Voyez décès.*

6°. S'il a négligé d'exécuter ponctuellement, en ce qui le concerne, les loix relatives aux déserteurs & fuyards de la réquisition & de la conscription, & à leurs complices. ou empêché ou entravé l'exécution de ces loix. *Loi du 24 brumaire an VI, art. 1, & arrêté du directoire exécutif, du 3 fructidor an VI, art. 2. Voyez emprisonnement, conscription, déserteurs, fers.*

7°. S'il a omis d'apposer les scellés sur les papiers, meubles & effets des prévenus de fabrication ou de distribution de fausses monnoies métalliques, ou autres 'qu'il a conftitués en arreftation ou qui font en fuite, & d'établir un gardien. *Loi du premier brumaire an II, art.* 2. Voyez *fauffe monnoie.*

8°. S'il a laiffé porter atteinte aux propriétés des défenfeurs de la patrie, & des autres citoyens abfens pour le fervice public, fans les dénoncer au fous-préfet. *Loi du 6 brumaire an V, art.* 7. V. *abfens.*

DÉTENTION ILLÉGALE.

Quiconque a connoiffance qu'un individu eft illégalement détenu dans un lieu, eft obligé d'en donner avis au maire ou au juge de paix du canton.

Le maire auquel une pareille dénonciation eft faite, eft tenu de fe tranfporter auffi-tôt fur le lieu indiqué, & de faire remettre la perfonne en liberté, à peine de répondre de fa négligence, & d'être pourfuivi comme complice du crime d'attentat à la liberté individuelle. *Loi du 3 brumaire an IV, tit.* 19.

DETTES.

Quand une commune eft chargée d'une ou de plufieurs dettes, elle peut fe procurer des fonds par trois moyens :

D'abord par la voie de l'emprunt. Voyez *emprunt.*

2°. Par l'aliénation d'une partie des biens communaux. Voyez *aliénation.*

Enfin, une imposition sur elle-même.

Cette dernière voie a besoin, comme les deux autres, de l'autorisation du corps législatif, qui n'est accordée que sur l'avis des corps administratifs. Cette répartition se fait par un rôle additionnel & dans les proportions qui sont indiquées par la loi.

Le rôle est dressé & arrêté par le conseil municipal, & rendu exécutoire par le conseil général de département.

Il est ensuite remis au percepteur des contributions de la commune, qui en distribue le montant, d'après les mandats du conseil municipal.

Quelquefois c'est le maire qui est chargé par le corps législatif de dresser le rôle de la contribution, sauf ensuite à le soumettre à la vérification du conseil municipal, & à le faire définitivement arrêter par le conseil général de département.

DIRECTION DES RECOUVREMENS.

La loi du 3 frimaire an VIII, supprime l'agence des contributions directes, établie par la loi du 22 brumaire an VI. Elle établit, dans chaque département, une direction des recouvremens des impoſitions directes, compoſée d'un directeur, un inſpecteur, & un nombre de contrôleurs, proportionné à l'étendue du département; lequel nombre ne peut cependant excéder celui de deux par arrondiſſement de recette.

Cette direction des contributions eſt uniquement chargée de la rédaction des matrices des rôles, d'après le travail préliminaire & néceſſaire des répartiteurs, de l'expédition des rôles, & de la vérification des réclamations faites par les contribuables, leſquelles ne peuvent être jugées que par les corps adminiſtratifs, conformément aux loix exiſtantes ſur cette matière.

DISTRACTION DE COMMUNES.

Souvent l'intérêt public, ou même quelques conſidérations particulières exigent qu'une commune ſoit diſtraite d'un canton dont elle fait partie, pour être appliquée à un autre canton d'autrefois; il s'agit de diſtraire une portion d'une commune, pour compoſer de cette portion diſtraite une commune particulière.

Dans tous les cas, il faut une loi expreſſe pour autoriſer cette information,

& le maire est appelé, par sa place, à préparer les mémoires & les renseignemens qui doivent éclairer les autorités constituées sur la nécessité ou l'avantage de cette opération.

DIVORCE.

Le divorce est une opération légale, qui a l'effet de dissoudre le lien & les conventions matrimoniales.

Cette dissolution est autorisée pour plusieurs causes différentes.

A l'égard du maire, le divorce peut se réduire à deux espèces ; savoir :

Le divorce dans lequel ses fonctions se réduisent à faire la prononciation du divorce, sur les titres qui sont produits.

L'autre, celui où il est lui-même un des agens de l'instruction & des procédures préliminaires du divorce.

§. I.

Cas où le maire n'a d'autres fonctions que de prononcer.

1°. Lorsqu'un des deux époux est muni d'un jugement qui prononce la séparation de corps, il peut se pourvoir directement pardevant le maire du domicile du mari , qui , sur le vu de ce jugement & des significations qui attestent que l'autre partie a été duement appelée, doit prononcer le divorce.

Si cependant il s'élevoit devant lui des contestations sur la nature ou la validité des jugemens représentés , il renverra les parties devant le tribunal civil du département, qui statuera en dernier ressort & prononcera si les jugemens suffisent pour autoriser le divorce. *Loi du 20 septembre* 1792 , §. 2 , *art.* 16.

2°. Lorsque le demandeur en divorce produit au maire un jugement qui contient contre l'autre époux, une condamnation à des peines afflictives ou infamantes.

Sur le vu de ce jugement , & de l'original de l'exploit de citation signifié à l'autre partie pour assister à la prononciation du divorce, le maire doit le prononcer sans entrer en connoissance de cause ; sauf le cas où il s'élèveroit entre les deux époux une contestation sur la nature & la qualité de ce jugement ; alors, comme il a été dit ci-dessus , le maire doit suspendre sa prononciation , & renvoyer les parties devant le tribunal civil du département. *Même loi , art.* 16.

3°. Lorsque le demandeur en divorce

produit au maire un acte de notoriété en bonne forme, qui atteste l'absence pendant cinq ans de l'autre époux sans nouvelles.

Sur le vu de cet acte, & sans entrer en connoissance de cause, le maire doit prononcer le divorce.

4°. Enfin, lorsque l'un des époux lui présente un jugement qui autorise le divorce pour cause déterminée.

Dans les cas ci-dessus indiqués, l'époux qui poursuit le divorce doit le présenter devant le maire, accompagné de quatre témoins majeurs, & justifier par l'exhibition des jugemens & actes de notoriété, & signification des actes de réquisition, qu'il a observé les formalités & les délais exigés par la loi sur le mode du divorce.

Le maire doit lui donner acte des comparution & représentation sur les registres. Cet acte doit être signé des parties & témoins, & du maire. Il doit être fait mention de ceux qui ne savent pas signer. *Loi du* 20 *septembre* 1792, §. 2, *art.* 4, 5 & 6.

Le maire doit observer avec attention la régularité des actes qu'on lui présente en pareilles circonstances; car s'il lui arrivoit de prononcer le divorce sur des actes, jugemens & significations qui ne réuniroient pas les formalités & les délais prescrits par la loi, il y auroit lieu à la destitution, avec dommages & intérêts en en faveur de la partie lésée. *Loi du 20 septembre 1792, tit. 4, section 5, art. 9.*

§. I I.

Des cas où le maire participe à l'instruction & aux actes préliminaires du divorce.

Ces cas ont lieu,

1°. Lorsqu'il s'agit de procéder à un divorce par consentement mutuel de deux parties.

En pareille circonstance, les deux époux convoquent, par le ministère d'un huissier, dans une maison indiquée par eux, une assemblée de six personnes au moins, choisies parmi leurs plus proches parens & leurs amis; savoir: trois du côté du mari, & trois du côté de la femme.

Il doit y avoir au moins l'intervalle d'un mois entre le jour de la convocation & celui de l'assemblée, s'il n'y a pas d'enfans vivans issus de mariage; & de deux mois en cas d'enfans, ou bien si l'un des époux est en âge de minorité.

Si le jour de l'assemblée il manque quelqu'un de ceux qui ont été convoqués, il est libre aux époux de le remplacer par d'autres parens ou amis.

Le même jour, le maire doit se rendre dans cette assemblée, sur l'invitation qui lui en a été faite par les deux époux.

Les deux époux doivent se présenter en personne dans l'assemblée.

Les parens & amis assemblés leur font des observations & les représentations, convenables ; & si les deux époux persistent, le maire dresse un acte, contenant simplement que les parens ou amis ont entendu les époux en assemblée duement convoquée, sans avoir pu les concilier.

La minute de cet acte, signée des membres de l'assemblée, des deux époux & du maire, avec mention de ceux qui n'ont pas su ou pu signer, doit être déposée au greffe de la municipalité, & il en est délivré une expédition aux époux, gratuitement. §. 2, Loi du 20 septembre 1792.

A compter de cet acte, les deux époux ont six mois pour persévérer dans leur intention.

En cas de persévérance, ils doivent se présenter dans le cours de ces six mois devant le maire du domicile du mari, & lui demander la prononciation du divorce.

Le maire, sur le vu du procès-verbal de la première assemblée, doit prononcer la dissolution du mariage, sans entrer dans aucune autre connoissance de cause. *Même loi, art.* 5.

Mais il faut observer que cette nouvelle comparution des époux ne doit être ni trop hâtive ni trop tardive ; or, elle seroit trop hâtive si elle avoit lieu avant l'expiration du mois, depuis la dernière assemblée, si les parties sont toutes deux majeures, & avant l'expiration de deux mois, lorsque l'un des deux époux est en âge de minorité ; & elle seroit trop tardive, si elle avoit lieu après l'expiration de six mois, sans aucune distinction ni considération de la majorité ou de la minorité des époux.

Au premier cas, le maire renvoie les époux qui sont trop empressés, sauf à eux à reparoître après l'expiration du délai prescrit par la loi.

Au second cas, c'est-à-dire, lorsque les époux ont laissé expirer les six mois, ils sont censés avoir renoncé à leurs premières intentions ; il est défendu au maire de prononcer le divorce, sauf aux deux époux à recommencer les mêmes formalités. *Loi du* 20 *septembre* 1792, §. 2, *art.* 5 & 6.

2°. Le maire remplit aussi des fonctions

actives dans les divorces qui font demandés par l'une des parties, pour caufe d'incompatibilité d'humeur ou de caractère.

Le mode de cette efpèce de divorce exige que la partie pourfuivante convoque une première affemblée de parens, ou amis à défaut de parens, devant le maire du domicile du mari, aux lieu, jour & heure indiqués par le maire. Loi *du 20 feptembre 1792, §. 2, art. 8 & 9.*

La convocation doit être fignifiée à l'époux défendeur, avec déclaration des noms & demeures des parens & amis au nombre de trois au moins, que l'autre époux entend faire trouver à l'affemblée, & invitation à l'époux défendeur de comparoître à l'affemblée, accompagné d'un pareil nombre, au moins, de parens & amis.

Il doit y avoir, au moins, un mois de diftance entre le jour de l'affemblée & celui de la fignification.

L'époux qui a provoqué l'affemblée, eft tenu de s'y préfenter en perfonne, & le maire ne doit pas admettre en fa place un fondé de pouvoirs.

Au furplus, le maire ne doit pas refter préfent aux débats qui ont lieu, à ce fujet, entre les deux époux & au fein de l'affemblée.

Au contraire, la loi lui enjoint de se retirer dans une autre pièce, &, en cas de non conciliation, il est rappelé pour dresser acte de la déclaration faite par les parties, qu'il n'y a pas moyen de conciliation, & l'assemblée est prorogée à deux mois.

Il délivre une expédition de cet acte à l'époux demandeur en divorce, qui le fait signifier à l'autre époux, si celui-ci n'a pas comparu à l'assemblée.

Au cas contraire la signification n'est pas nécessaire; mais le procès-verbal du maire doit annoncer que toutes les parties se sont, de leur consentement, ajournées au jour indiqué, sans qu'il soit besoin de nouvelle invitation.

Après l'expiration des deux mois, l'époux demandeur en divorce, est tenu de comparoître, de nouveau, en personne. Les choses se passent comme lors de la première assemblée. Et si la conciliation n'a pas lieu, le maire rédige son procès-verbal de la manière indiquée ci-dessus, avec cette différence seulement que la troisième assemblée est prorogée à trois mois au lieu de deux.

A cette troisième séance, le demandeur en divorce est encore tenu de comparoître en personne; & si, après avoir procédé comme dans les deux précédentes affemblées, la conciliation eft définitivement rejettée, le maire en dreffe fon procès-verbal, dont il délivre une expédition à l'époux demandeur, qui doit être fignifiée à l'autre partie.

C'eft ce dernier procès-verbal qui autorife le maire à prononcer le divorce, lorfque le pourfuivant fe préfentera en perfonne, pour requérir cette prononciation, pourvu toutefois que la réquifition foit faite dans les délais convenables. Or, elle ne peut avoir lieu avant l'expiration de fix mois, à compter de la date du dernier des trois actes de non conciliation. *Loi du premier jour complémentaire an V.*

A la différence du divorce, par confentement mutuel, où il eft permis aux époux de faire prononcer le divorce dans le cours des fix mois, & même à l'expiration de la huitaine du procès-verbal de la dernière affemblée.

Mais fi, après l'expiration de ces fix mois, l'époux demandeur en divorce laiffe écouler fix autres mois, fans provoquer la prononciation, il n'eft plus permis au maire de le prononcer, parce que cet époux a perdu le bénéfice des formalités précédentes, & il eft obligé de les recommencer, s'il perfévère dans la même intention. *Loi du 20 septembre* 1792 *, §. 2, art.* 14.

Quelle que foit l'efpèce de divorce, l'époux qui en pourfuit la prononciation, doit être accompagné de quatre témoins majeurs, & être muni de toutes les pièces, actes & fignifications qui atteftent qu'il eft autorifé à obtenir la prononciation du divorce.

L'examen de ces diverfes pièces eft une des parties les plus délicates des fonctions du maire; puifque la loi le rend refponfable de l'irrégularité qui auroit lieu à l'égard de l'inobfervation des formalités & des délais. *Loi du 20 feptembre* 1792 *, tit.* 4, *fection* 5 *, art.* 9.

Comme ces prononciations ne font pas fréquentes, il fera utile aux maires d'en avoir le modèle fous les yeux. Ils le trouveront dans le fecond volume.

DOMMAGES ET INTÉRÊTS.

Il y a plufieurs circonftances dans lefquelles la loi charge le maire de dommages & intérêts envers les parties qui ont fouffert quelque préjudice de fa négligence ou de fa contravention. *Voy. amende, divorce.*

Par exemple, 1°. Le maire eft refponfable, envers les particuliers, des délits commis, à force ouverte & par violence, fur le territoire de la commune, quand il a négligé de fournir à la préfecture le tableau de population de fa commune. *Loi du 10 vendémiaire an 4, titre 2, article 4.* Voyez *refponfabilité, tableaux de population.*

2°. La loi du 26 ventofe an 4, concernant l'échenillage, rend les maires refponfables des négligences qu'ils auront commifes au fujet de l'exécution de cette loi. *Art. 4.* Voyez *échenillage.*

3°. Ils font refponfables des accidens & dommages qui pourroient être occafionnés par un animal furieux ou malfaifant, qu'ils auroient négligé de faire enfermer *Loi du 24 août 1790, tit. 11, art. 3.* Voyez *animaux furieux.*

4°. Ils feront refponfables des dommages qui auroient été apportés aux propriétés des défenfeurs de la patrie, & autres citoyens abfens pour le fervice public; quand ils ont négligé d'ufer, à cet égard, des mefures prefcrites. *Loi du 6 brumaire an 5, art. 7.* Voyez *abfens, agriculture, défenfeurs de la patrie.*

5°. Ils font refponfables, par la voie des dommages & intérêts, du préjudice qui sera résulté pour la république, du défaut d'apposition de scellés & d'établ ssement de gardien, après l'arrestation ou la fuite des prévenus de fabrication ou de distribut on de fausse monnoie. *Loi du 1ᵉʳ. brumaire, an 2, art. 2.* Voyez *destitution, fausse monnoie, scellés.*

6º. Le maire est encore exposé à payer des dommages & intérêts, dans un cas expliqué à l'article *navigation.* Nous observerons que ces dommages & intérêts ne peuvent pas ê re demandés *de plano* contre le ma re ou l'adjoint ; il faut au préalable remplir les formalités prescrites, pour mettre en justice réglée les maires. Sur ces formalités, voyez *la loi du 14 décembre 1789, art. 60 & 61 , l'instruction du 12 août 1790, & l'art.* navigation.

DROGUES ET MÉDICAMENS.

Ce qui a été dit sur la surveillance des apothicaires, s'applique, à bien plus forte raison, aux drogues de toute espèce qui sont débitées dans les foires, marchés & places publiques par les charlatans, bateleurs & empyriques ambulans qui se montrent fréquemment dans les communes. Voyez *apothicaires.*

Il est défendu à toutes personnes de jeter

dans les rivières aucune chaux, noix vomi-
que, coque-du-levant, momie & autres
drogues ou appâts. *Ordonnance de 1669,
des eaux & forêts, art. 14. Loi du 3 brumaire
an 4, art. 609. Arrêté du directoire exécutif,
du 28 messidor an 4. Voyez pêche.*

Si le maire est instruit d'un pareil délit,
il ne doit pas négliger d'en dénoncer les
auteurs au juge de paix du canton.

D R O I T   D E   S U I T E.

On entend par droit de suite, une pro-
longation de compétence & de juridiction
attribuée à un fonctionnaire public, pour
suivre, au-dehors de son ressort, une
opération commencée dans l'étendue de
son arrondissement.

Ce droit de suite est accordé aux maires,
pour les perquisitions dans les cas de fabrication ou de distribution de fausse
monnoie.

Les directeurs de jury & les autres officiers désignés en l'art. 542 de la loi du 3
brumaire an 4, qui ont commencé la recherche d'un délit de fabrication de fausse
monnoie métallique ou autre, la continuent & font, en se conformant à la loi,
les

les visites nécessaires, hors de leur ressort. *Loi du 3 brumaire an 4, art. 544.* Voyez *fausse monnoie, visites.*

Lorsque le maire procède en vertu du droit de suite, dans un arrondissement étranger, il doit être muni du procès-verbal de sa nomination, pour être en état de justifier sa qualité aux personnes à qui elle ne seroit pas notoire. Voyez *visites.*

DROIT D'ENTRETIEN DE ROUTES, *dit* DROIT DE PASSE.

La loi du 3 nivose an VI, a conféré au maire de la commune la plus prochaine, la connoissance des difficultés qui s'élèvent au sujet de ce droit entre les voyageurs & les percepteurs, au sujet de l'application du tarif, art. 45.

La contestation se décide par voie administrative, sommairement & sans frais, sur les mémoires des parties, *ibid.*

Les décisions rendues par les maires ou adjoints, dans les cas prévus par les art. 45, 46, 47 & 48 de la loi du 3 nivose, sont exécutées sans recours. *Loi du 14 brumaire an 7, art. 29.*

Cette suprématie accordée aux maires & adjoints, en pareille matière, est une raifon de plus pour qu'ils s'inftruifent des difpofitions de deux loix, 3 nivofe an VI, & 14 brumaire an VII.

ÉCHANGE.

L'échange produit un double effet, favoir : l'aliénation & l'acquifition ; fous ce double rapport, une commune ne peut faire d'échange, fans les formalités requifes pour les aliénations & les acquifitions. Voyez *acquifition, aliénation.*

ÉCHENILLAGE.

Chaque année, avant le premier ventofe, les propriétaires, fermiers, locataires ou autres faifant valoir leurs propres héritages, ou ceux d'autrui, font tenus d'écheniller ou de faire écheniller les arbres étant fur les héritages, à peine d'amende, qui ne pourra pas être au-deffus de dix journées de travail, ni au-deffous de trois. *Loi du 26 ventofe an IV, art. 1 & 6.*

La même loi leur ordonne fous les mêmes peines de brûler les bourfes & toiles qu'ils auront retirées des arbres, haies ou buiffons, & ce, dans un lieu où il n'y aura aucun danger du feu, foit pour les bois, arbres & bruyères, soit pour les maisons & bâtimens.

Le maire est spécialement chargé de surveiller l'exécution de cette loi, sous peine d'étre responsable des négligences qui y seroient découvertes. *Même loi, art. 4.*

Dans le cas où quelques propriétaires, fermiers ou locataires seroient en retard d'effectuer cet échenillage avant le premier ventose, il est enjoint au maire de le faire aux frais & dépens des parties négligentes, sauf ensuite à se faire rembourser par elles des deniers qu'il aura avancés.

Voici les moyens de remboursement qui sont indiqués par la loi :

Le maire se fait donner quittance par les ouvriers de ce qu'il leur a payé pour les frais d'échenillage.

Il s'adresse ensuite au juge-de-paix du canton, qui, sur le vu de ces quittances, lui délivre un exécutoire du montant de pareille somme contre les propriétaires, fermiers ou locataires.

Cet exécutoire sert de titre au maire pour poursuivre son remboursement par la voie de la saisie-exécution. *Loi du 26 ventose an 4, art. 7.*

Ce qui ne dispense pas les parties con-

trevenantes de l'amende de police municipale.

ÉMEUTES POPULAIRES.

Le maire est chargé de dissiper les émeutes populaires. *Loi du 24 août 1790, tit.* 11, *art.* 7.

Et il est autorisé à requérir, au besoin, la force armée pour maintenir ou rétablir la tranquillité publique. *Loi du 3 août 1791, art.* 12.

Ceux qui se trouveront dans des rassemblemens qui prennent le caractère de sédition, sont tenus de se retirer aussitôt après la première sommation, qui leur sera faite par le magistrat ou par le commandant de la force armée. *Loi du 27 germinal an* 4, *art.* 6.

Cette indication de magistrats s'applique au maire ou à son adjoint, quand c'est l'un d'eux qui se trouve en pareille circonstance.

ÉMIGRÉS.

Voyez *défenseurs de la patrie.*

EMPRISONNEMENT.

L'emprisonnement est au nombre des peines que les loix ont indiquées contre les maires & adjoints municipaux, dans les cas suivans :

1°. Emprisonnement qui peut être étendu à six mois, s'ils ont signé quelques actes, délibérations, contrats ou rôle, pour établir une taxe forcée, pour les frais du culte ou logement des ministres. *Loi du 7 vendémiaire an 4, titre 4, art. 11.* Voyez *amende, culte, §. III.*

2°. Emprisonnement de deux années, en cas de contravention aux loix relatives aux déserteurs & fuyards de la réquisition & à leurs complices. *Loi du 24 brumaire an 6, art. premier, & arrêté du directoire executif, du 3 fructidor an 6, art. 2.* Voyez *déserteurs, destitutions, responsabilité.*

3°. Emprisonnement (indéterminé). S'ils ont fait mention, dans leurs actes d'état civil, de l'attestation de quelque ministre d'un culte, ou des cérémonies religieuses, ou s'ils ont exigé la preuve de leur observation. *Loi du 7 vendémiaire an 4, art. 18, 20 & 21.* Voyez *amende, état civil.*

E M P R U N T.

Il arrive souvent qu'une commune est exposée à des dépenses urgentes, ou à des remboursemens qui exigent un emprunt; elle ne peut y parvenir qu'en vertu d'une loi qui, en autorisant l'emprunt, indique le mode du remboursement, soit sur le produit des centimes additionnels destinés aux dépenses locales, soit à l'aide d'une imposition particulière sur les habitans de la commune.

E N C H E R E S.

Le maire est autorisé à faire arrêter ceux qui troublent la liberté des enchères, & qui sont, par cela seul, constitués en flagrant délit.

Lorsque le flagrant délit sur ce point ne se manifeste pas aussi évidemment contre la liberté des enchères, mais qu'il y a eu menaces, ou promesses ou coalition, soit avant, soit après, pour empêcher les enchères de parvenir à leur véritable valeur, le maire, pour le maintien de l'ordre public & de la liberté individuelle, doit dresser son procès-verbal contre les délinquants, & l'envoyer au juge de paix. *Loi du 22 juillet 1791, tit.* II, *art.* 27. *Voyez coalition.*

ENFANS ABANDONNÉS.

Aux termes de la loi du 27 frimaire an V, les enfans abandonnés doivent être envoyés dans l'hofpice le plus voifin ; mais ils ne font là que précairement & à titre de dépôt, en attendant qu'ils puiffent être placés, suivant leur âge, chez des nourrices, ou mis en penfion chez des particuliers, par la commiffion adminif-trative de l'hofpice.

Les nourrices & autres habitans des communes, peuvent conferver jufqu'à l'âge de 12 ans, les enfans qui leur ont été confiés, à la charge par eux de les nourrir & entretenir convenablement, & de les envoyer aux écoles primaires pour y participer aux inftructions données aux autres enfans de la commune ou du canton.

Ils font tenus de repréfenter, tous les trois mois, les enfans qui leur auront été confiés, au maire de la commune, qui leur expédiera un certificat que ces enfans ont été traités avec humanité, & qu'ils font inftruits & élevés, conformément

aux difpofitions du réglement du 30 ventofe an V.

Ce n'eft que fur le vu de ce certificat,
que les nourrices & autres habitans chargés d'enfans abandonnés, pourront r cevoir les indemnités qui font accordées
en pareil cas. *Arrêté du directoire exécutif,
du 30 ventofe an V, art. 7 & 8.*

ENFANS EXPOSÉS.

Lorfque le maire eft averti d'une expofition d'enfant, dans l'étendue de fa commune, il doit fe transporter, fans délai,
fur le lieu de l'expofition, & dreffer procès-
verbal de l'état de l'enfant, de fon âge
apparent, des marques extérieures, vêtemens & autres indices qui peuvent éclairer
fur fa naiffance, & recevoir les déclarations de ceux qui pourroient donner quelques renfeignemens fur cette expofition.
Loi du 20 feptembre 1792, tit. 3, art. 9.

Ce procès-verbal doit être tranfcrit
auffitôt fur le double regiftre des naiffances ; le maire doit donner un nom à
l'enfant, & le faire enfuite tranfporter à
l'hofpice civil plus prochain. *Même tit.,
art. 10 & 11. Loi du 27 frimaire an V, art.
1 & fuivans. Arrêté du directoire du 30 ventofe an V.*

ENFANS NATURELS
ou nés hors mariages.

La condition des enfans nature's a été bien améliorée depuis la révolution ; mais il ne leur est plus permis, comme autrefois, de chercher leur père à l'aide de preuves testimoniales ou de renseignemens par écrit ; la loi interdit à ce sujet toutes perquisitions & toute violence. Celui-là seul est réputé père d'un enfant naturel, qui a fait volontairement la déclaration de sa paternité devant l'officier de l'état civil. *Loi du 12 brumaire an 2 , art. 11.*

Par conséquent les maires & leurs adjoints sont encore appelés à recevoir cette déclaration.

C'est ici le cas de leur rappeler que l'obligation qui leur est imposé rigoureusement, de n'accompagner ces déclarations d'aucunes notes, apostilles ou observations qui ne seroient pas du fait de la partie déclarante. Voyez *acte , adultere , état civil.*

ENFOUISSEMENT.

Les exhalaisons dangereuses qui s'échapent des cadavres d'animaux , exposés à l'air, ont donné lieu à des loix & des ré-glemens de police, à l'exécution desquels les maires doivent tenir la main très-rigou-reusement. Tout animal mort doit être enfoui à quatre pieds de terre, au moins, par les soins & aux frais & dépens du pro-priétaire. Voyez *animaux.*

Mais si le pays est infecté d'une maladie contagieuse, il y a plus de précautions à prendre : d'abord il est expressément dé-fendu aux propriétaires de jeter les cada-vres dans les bois, dans les rivières ou à la voierie, ni de les enterrer dans les éta-bles, cours & jardins, sous peine de 300 f. d'amende.

Aussi-tôt qu'une bête sera morte, au lieu de la traîner, on la transportera à l'endroit où elle doit être enterrée, qui sera au moins à 50 toises des habitations. Elle doit être jetée seule dans une fosse de huit pieds de profondeur, avec toute sa peau tailladée en plusieurs parties, & on la recouvrira de toute la terre sortie de la fosse.

Le maire doit dénoncer à la police mu-nicipale ceux qui seroient assez cupides pour enlever cette peau, soit avant, soit après l'inhumation de l'animal Voyez *Message du directoire exécutif, du 4 frimaire an 5.*

Dans le cas où le propriétaire n'auroit pas la faculté d'en faire le transport, le maire requerra l'assistance d'un autre propriétaire, & même il appellera tous les ouvriers nécessaires, à peine de 50 francs d'amende contre les refusans.

Dans les lieux où il y a des chevaux, le maire en fera prendre par préférence pour traîner les voitures chargées de bêtes mortes, & ces voitures seront, après le transport, lavées à l'eau chaude.

Ces précautions sont d'une étroite obligation de la part des maires, comme étant essentiellement attachées au maintien de l'agriculture. *Arrêté du directoire exécutif, du 27 messidor an 5.* Voyez, ci après, *épizootie.*

ENREGISTREMENT.

Les maires doivent veiller à l'observation de la formalté & de l'enregistrement pour les actes d'administration qui y sont soumis, & qui sont désignés dans les titres 7 & 11 de la loi du 22 frimaire an 7.

Cet enregistrement doit être fait dans les vingt jours, art. 20, 25 & 35 ; mais s'il arrivoit que le maire eût fait, de ses deniers, l'avance du coût de l'enregistrement, il peut en poursuivre le rembourfement, en conféquence d'un exécutoire qui lui fera délivré par le juge de paix, art. 30.

L'affiftance du maire ou de l'adjoint eft néceffaire pour autorifer la vifite des prépofés de l'enregiftrement, chez les notaires, huiffiers, greffiers & fecrétaires, art. 52. Voyez *affiftance*.

Le maire, en fa qualité de dépofitaire des regiftres de l'état civil, fe trouve néceffairement compris dans l'art. 54, qui porte que les dépofitaires de regiftres de l'état civil, & tous autres chargés de dépôts de titres publics, feront tenus de les communiquer, fans déplacer, aux prépofés de l'enregiftrement, à toute réquifition, & de leur laiffer prendre, fans frais, les renfeignemens, extraits & copies qui leur feront néceffaires pour les intérêts de la république, à peine de 50 f. d'amende pour ce refus.

Les actes de naiffance & fépulture reçus par les maires, & les extraits délivrés par eux, font exempts de la formalité de l'enregiftrement. *Loi du 22 frimaire an 7, tit. 11, §. 3, n°. 8.*

Ceux des actes civils qui font fujets à l'enregiftrement, ne font enregiftrés que fur l'expédition. *Même loi, tit.* 1 *, art.* 7.

S'il arrive que le maire foit dans le cas d'annexer à f s regiſtres quelque écrit fous feing-privé, ou quelque acte paſſé en pays étranger, il ne peut ni annexer les écrits, ni les recevoir en dépôt, ni en délivrer extrait ou expédition, s'il n'eſt préalablement enregiſtré, à peine de 50 f. d'amende, & de répondre perſonnellement du droit. *Même loi, art.* 41.

É P I Z O O T I E.

On appele épizootie la maladie qui attaque, en même-tems, toute une eſpèce d'animaux, & qui porte un caractère de contagion. Ce terme s'applique fur-tout aux animaux domeſtiques qui font partie des richeſſes des agriculteurs, tels que chevaux, bœufs, vaches, moutons, chèvres, &c.

En pareil cas, le gouvernement prend des meſures, dont l'exécution eſt confiée, en partie, aux maires.

Ces meſures fe trouvent rappelées dans un arrêté du directoire exécutif, du 17 meſſidor an 5, adeſſe aux adminiſtrations centrales & municipales, à l'occaſion d'une épizootie meurtière qui s'étoit manifeſtée fur les bêtes à cornes.

Comme le maire eſt, dans cette opéra-tion, chargé des ſoins les plus importans, il eſt indiſpenſable de lui remettre ſous les yeux ſes droits & ſes devoirs.

Auſſi-tôt qu'un troupeau eſt attaqué de maladie, le propriétaire eſt tenu d'en faire la déclaration au maire, qui aſſigne proviſoirement un eſpace où le troupeau malade pourra pâturer excluſivement, & le chemin qu'il devra ſuivre pour ſe rendre au pâturage; s'il y a dans la commune un terrein de parcours ou de vain pâturage; au cas contraire, il eſt défendu au proprié-taire de laiſſer ſortir de ſes héritages le troupeau malade. *Loi du 6 octobre 1791, tit. 1ᵉʳ., ſect. 4, art. 19.*

Le maire doit, en même-tems, inſtruire de cet événement tous les propriétaires de la commune, par une affiche appoſée aux lieux deſtinés aux actes émanés de l'auto-rité publique. Voyez *affiches.*

Il eſt enjoint, par la même affiche, aux propriétaires, de venir déclarer au maire de la commune, le nombre de bêtes à cornes qu'ils poſſèdent, avec la déſigna-tion d'âge, de taille & de poil, &c., & il doit ſe hâter d'envoyer copie de ces dé-clarations au ſous-préfet.

Le maire doit faire marquer les bêtes malades avec un fer chaud repréſentant la lettre M.

Un troupeau atteint de maladie contagieuſe, qui ſera rencontré au pâturage ſur les terres du parcours ou de la vaine pâture, autres que celles qui lui auront été déſignées, pourra être ſaiſi par les gardes champêtres, & même par toute autre perſonne (&, à plus forte raiſon, par le maire), & conduit au lieu du dépôt qui aura été indiqué par ce dernier.

Il eſt, dans ce cas, du devoir du maire de dreſſer procès-verbal de la contravention, & de l'adreſſer au ſous-préfet; la peine de cette contravention eſt d'une amende de la valeur d'une journée de travail, par tête de bête à laine . & d'une amende triple par tête d'autre bétail ; ſans préjudice des dommages & intérêts, pour le préjudice occaſionné aux troupeaux d'autrui.

Il eſt enjoint à tout fonctionnaire public qui trouvera ſur les chemins, ou dans les foires & marchés, des bêtes à cornes marquées de la lettre M, de les conduire chez le juge de paix, qui les fera tuer ſur-le-champ.

Le propriétaire d'une bête marquée de la lettre M, ne peut pas s'en défaisir par vente, échange, ou autrement, fans la permiffion par écrit du maire, qui doit en faire mention fur l'état qui eft entre fes mains. *Arrété du direĉtoire exécutif, du 27 meffidor an 5.*

ÉTAPES.

Les étapes ont droit à la proteĉtion & à la furveillance que la loi impofe aux maires, pour les autres parties du fervice des fubfiftances miitaires. *Loi du 30 pluviofe an 2, art. 3.*

ÉTAT CIVIL.

Voyez *aĉtes.*

On entend ici fous le nom d'état civil, cette partie de l'adminiftration de police, qui a pour objet de conftater l'état des citoyens, fous leur rapport avec leurs familles & avec la fociété. Cet état civil comprend cinq époques; favoir:

Les naiffances,

Les adoptions,

Les mariages,

Les divorces ,

Et les décès.

Autrefois, c'étoit aux miniſtres du culte catholique que la loi avoit confié le ſoin de tenir regiſtre de ces époques, (à l'exception de l'adoption & du divorce qui n'étoient pas en uſage), & ils rempliſſoient à cet égard la miſſion d'un officier civil.

Mais une pareille fonction a été retirée aux miniſtres de toute eſpèce de culte quelconque, & il eſt expreſſément défendu à tous juges, adminiſtrateurs & officiers publics, d'avoir aucun égard aux atteſtations que les miniſtres du culte ou des individus ſe diſant tels, pourroient donner relativement à l'état civil des citoyens, ſous peine d'amende & d'empriſonnement, tant contr'eux, que contre ceux qui les produiroient. *Loi du 7 vendémiaire an 4, art.* 18 & 20.

Il eſt également défendu, & ſous les mêmes peines, aux fonctionnaires publics, chargés de rédiger les actes de l'état civil des citoyens, de faire mention dans leſdits actes des cérémonies religieuſes , ou d'exiger la preuve de leur obſervation. *Même loi, art.* 21.

Cette fonction a été transférée aux

maires & adjoints. *Loi du 28 pluviose an 8,*

On trouvera les détails de ces obligations aux articles *actes, adoption, déclarations, divorce, naissance, sépultures.*

Il suffira de retracer ici quelques observations générales.

Les actes de l'état civil doivent être inscrits sur un registre double & sans aucun blanc; les renvois & les ratures doivent être approuvés & signés de la même manière que le corps de l'acte. *Loi du 20 septembre 1792, tit. 2, art. 3.*

Le maire ne doit user d'aucune abréviation, ni d'aucun chiffre pour les dates, à peine d'amende, & de peines plus graves en cas de récidive. *Même loi, tit. 2, art. 4.*

Il doit s'abstenir d'écrire ou de signer, en aucun cas, ces actes sur feuilles volantes, à peine d'amende & de destitution. *Même titre, art. 5.*

Dans les quinze premiers jours du mois de vendémiaire de chaque année, il doit faire, à la fin de chaque registre, une table alphabétique des actes qui s'y trouvent contenus.

Ces registres passent ensuite à la préfecture où ils sont déposés & conservés.

L'autre double reste aux archives de la municipalité, pour servir à la délivrance des extraits. *Même titre, art.* 8, 9, 10, 12, 13.

É T A T D E S E C T I O N.

On appelle ainsi le second tableau formé par les répartiteurs, pour la formation d'une matrice de rôle de la contribution foncière.

Cet état de section contient les diverses propriétés renfermées dans chaque section. *Loi du 3 frimaire an 7, art.* 39. Voyez *contribution foncière, répartiteurs.*

Pour former cet état de section, les répartiteurs font, dans leur première assemblée, une liste des propriétaires, fermiers ou métayers, domiciliés dans la commune, qu'ils jugeront connoître le mieux les différentes parties de chaque section, & le plus en état de donner à cet égard des renseignemens précis. *Ibid, art.* 40. Voyez *indicateurs.*

Les répartiteurs se distribuent ensuite les sections, en se transportant sur chacune de celles qui leur est tombée en partage, accompagnés des indicateurs.

Chaque article de propriété est distingué

dans l'état de section, & numéroté; il est intitulé du nom du propriétaire, & désigné par sa nature, de maison à simple rez-de-chaussée, ou à un, deux, ou plusieurs étages; de moulin, forge ou autre usine; de jardin, terre labourable, vigne, pré, futaie, bois taillis, &c., par l'étendue de sa superficie, calculée d'après les nouvelles mesures. *Art.* 43.

Les états de section doivent être signés, tant par les indicateurs, que par les répartiteurs qui les auront formés, & mention sera faite de ceux qui ne sauront pas signer.

Lorsque ces états de section sont achevés, ils sont examinés par les répartiteurs réunis, en présence du sous-préfet, & subissent les rectifications dont ils sont susceptibles, après quoi ils sont arrêtés.

Il reste ensuite à régler le revenu imposable de chaque propriété, & c'est à quoi les répartiteurs doivent procéder dans les dix jours suivans, au plus tard. *Loi du* 3 *frimaire an* 7, *art.* 49. Voyez *contribution foncière, répartiteurs.*

ÉVASION DE PRISONNIERS.

Lorsque le maire est instruit de l'évasion d'un ou de plusieurs prisonniers, ou détenus, ou conſtitués ſeulement en état d'arreſtation, dans l'étendue de ſon arrondiſſement, il eſt autoriſé à faire ſur-le-champ ſaiſir & arrêter les huiſſiers, gendarmes, gardiens, concierges, geoliers & tous autres prepoſés à la conduite & à la garde des individus évadés, & les faire conduire devant le directeur du jury, s'il y en a un ſur les lieux, ou à défaut, devant le juge de paix.

Il peut uſer de la même meſure à l'égard des citoyens compoſant la force armée, qui a ſervi d'eſcorte, ou qui a garni les poſtes établis pour la garde des détenus. *Loi du 4 vendémiaire an 6, art. 5.*

FAUSSE MONNOIE.

Le crime de fauſſe monnoie a paru aſſez grave, pour donner au maire une extenſion de pouvoirs qui, ſur ce point, le rapproche du juge de paix.

Quand un maire a reçu la dénonciation d'une fabrication ou diſtribution de fauſſes monnoies, métalliques ou autres, dans l'étendue de ſon arrondiſſement, il doit ſe tranſporter ſur les lieux, accompagné de deux citoyens domiciliés dans le canton, & dont il aura requis l'aſſiſtance.

Il est autorisé à faire, dans cette occasion, toutes perquisitions & ouvertures nécessaires, à saisir toutes les pièces de conviction, & à faire mettre en état d'arrestation les prévenus. *Loi du 3 brumaire an 4, art. 542.*

En cas d'arrestation, ou en cas de fuite de la part des prévenus, il lui est enjoint d'apposer les scellés sur leurs papiers, meubles & effets, & d'y établir un gardien, à peine de destitution, & de répondre des dommages & intérêts que sa négligence aura causés à la république. *Loi du premier brumaire an 2, art. 2.*

Ces visites, perquisitions, ouvertures, saisies, arrestations & scellés, peuvent même s'étendre, par droit de suite, au dehors de l'arrondissement du maire, attendu l'urgence de pareilles opérations, & l'inconvénient qu'il y auroit à les diviser en plusieurs mains. Voyez à ce sujet, *droit de suite.*

Au surplus, le maire doit, en pareille occasion, faire attention à ces deux conditions essentielles.

1°. De ne se permettre ces visites, ouvertures & perquisitions, qu'autant qu'il aura reçu, sur le fait dont il s'agit, une dénonciation revêtue des caractères exigés par la loi, ou qu'il ait par devers lui les renseignemens les plus positifs. *Loi du 3 brumaire an 4, art.* 542.

2°. De faire précéder la visite domiciliaire, d'une ordonnance rendue par lui-même, qui indique l'objet de la visite, & les personnes chez lesquelles elle devra se faire. *Même loi, art.* 543.

Sur le surplus des formalités qui sont nécessaires pour la régularité de la visite. Voyez *visites*.

N. B. Les prévenus qui ont été mis en état d'arrestation, doivent être, sans delai, renvoyés devant le directeur du jury d'accusation. Voyez *mandats d'amener, police judiciaie*.

F E N Ê T R E S.

Les maires, en leur qualité de commissaires de police, doivent, aux termes de l'art. 3, du tit. 11 de la loi du 24 août 1790, tenir la main à ce qu'il n'y ait rien d'exposé sur les fenêtres donnant sur la voie publique, qui puisse, par sa chûte, compromettre la sûreté des passans ; & en cas de contravention, ils doivent en dresser procès-verbal, & l'envoyer au sous-préfet, pour prendre, en cette occasion,

les mesures indiquées par l'art. 15, d
titre premier de la loi du 22 juillet 1791.

FÊTES DÉCADAIRES.

En exécution de la loi du 13 fructido
an VI, tous les décadis de l'année for
l'objet d'une célébration au chef-lieu
du canton.

Chaque décadi, le maire, ses adjoints
& le secrétaire de la municialité, doivent
se rendre en costume au lieu destiné à la
réunion des citoyens, & y faire lecture
des loix & actes de l'autorité publique,
adressés à l'administration pendant le cours
de la décade précédente.

Dans cette même séance, on proclame
publiquement les naissances & décès, ainsi
que les actes ou jugemens portant recon-
noissance d'enfans nés hors le mariage,
les actes d'adoption & de divorce qui ont
eu lieu durant la décade.

FÊTES NATIONALES.

La loi du 3 nivôse an 8 a supprimé toutes les fêtes nationales, à l'exception de l'anniverſaire du 14 juillet 1789, jour de la conquête de la liberté ſur le deſpotiſme, & de l'anniverſaire du premier vendémaire, jour de la fondation de la république.

F E U.

Le maire doit veiller à ce qu'il ne ſoit allumé aucun feu dans les champs, plus près que cinquante toiſes des maiſons, bois, bruyères, vergers, haies, meules de grains, de paille ou de foin, ſous peine d'une amende égale à la valeur de douze journées de travail, ſans préjudice des dommages que le feu aura occaſionnés. *Loi du 24 août* 1790, *tit.* 11, *art.* 3, & *loi du 6 octobre* 1791, *tit.* 2, *art.* 10.

Auſſi-tôt qu'il a connoiſſance d'un pareil délit, il doit en dreſſer procès-verbal, & dénoncer les contrevenans au tribunal de police municipale. *Loi du 6 octobre* 1791, *tit.* 2, *art.* 10.

Pour prévenir les incendies, il doit faire, au moins une fois par an, la viſite des fours & cheminées. *Même loi, tit. 2, art. 8.* Voyez *cheminées.*

FLAGRANT DÉLIT.

Le maire est autorisé à faire arrêter sur-le-champ, & sans aucune formalité, le coupable surpris en flagrant délit, c'est-à-dire, lorsqu'il est surpris dans l'action même du délit, ou bien au moment qui suit immédiatement l'acte du délit, & qui en laisse encore les traces toutes récentes : comme s'il est arrêté avec les effets volés, ou ayant à la main les instrumens & ustensiles dont il s'est servi pour commettre le vol.

En pareil cas, le maire doit dresser un procès-verbal des circonstances de cette arrestation, & renvoyer le prévenu, par la force armée, devant le juge de paix, avec l'expédition du procès-verbal. *Loi du 28 juillet 1791, tit. 2, art. 34 & 43. Loi du 29 septembre 1791, tit. 2, art 3 & 4.*

FOIRES ET MARCHÉS,

Les maires & les officiers de police des lieux où se tiennent les foires & marchés sont spécialement chargés d'y maintenir l'ordre & la liberté du commerce, à peine, en cas de trouble, de la fuppreffion des marchés, & de demeurer refponfables perfonnellement des événemens, dans le cas où il feroit conftaté qu'ils n'ont pas fait tout ce qui étoit en leur pouvoir, pour prévenir & arrêter le défordre. *Loi du 4 thermidor an 3, art. 19.*

Il eft défendu à tout individu d'étaler fes denrées ou marchandifes dans les marchés, hors les jours fixés par les arrêtés de l'adminiftration municipale.

Le maire doit traduire les contrevenans au tribunal de police, comme ayant embarraffé la voie publique, pour être punis conformément à l'art 605 du code des délits & des peines. *Arrêté du directoire exécutif, du 14 germinal an 6, art. 4.*

Immédiatement après l'émiffion de la loi du 23 fructidor an 6, les adminiftrations centrales ont dû former un tableau des foires & marchés de leur département, & les replacer à des jours fixes de l'annuaire de la république, autres que les décadis & les fêtes nationales. Ce nouveau tableau a dû être porté fur le regiftre de chaque adminiftration municipale, publié & affiché dans chaque commune du département. Les foires & marchés qui tiendroient d'autres jours que ceux indiqués dans ce tableau, font confiderés comme raſſemblement prohibé. *Loi du 23 fructidor an 6, art. 5.*

FORCE ARMÉE.

« Le maire, commis par ſa municipa-
» lité pour mettre en liberté un individu
» illégalement détenu, eſt autoriſé à ſe
» faire aſſiſter de la force armée. » *Loi du 3*
» *brumaire an 4, art. 584 & 585.*

Cette diſpoſition s'applique, en général, à toutes les opérations qui exigent
l'aſſiſtance & l'appui d'une force armée,
conformément à l'art. 10 de la loi du 16
février 1791, portant inſtitution de la gendarmerie nationale. Bien entendu que le
maire eſt reſponſable de l'abus qu'il pourroit faire d'un pareil moyen.

Dans le cas où la force armée, chargée
de la garde d'un priſonnier, l'auroit laiſſé
échapper, quelle doit être la conduite du
maire ? Voyez *évaſion.*

GARDES CHAMPÊTRES ET FORESTIERS.

Il y a deux eſpèces de gardes pour la
conſervation des propriétés rurales ; les
gardes champêtres & les gardes foreſtiers.
Loi du 3 brumaire an 4, art. 38 & 39.

Les premiers font fubordonnés à l'ac-
miniftration municipale ; les autres font
placés fous l'infpection d'une agence particulière , connue fous le nom d'agence
foreft ère.

Mais le maire partage avec les uns & les
autres , le droit de furveiller les délits
commis dans les campagnes & dans les
forêts.

La deftination de ces fonctionnaires
publics , (lefquels font auffi confidérés
comme officiers de police judiciaire), eft de
rechercher (chacun pour ce qui le concerne)
les délits qui portent atteinte aux propriétés rurales & foreftières , de dreffer
des procès-verbaux de ces délits , des
circonftances qui les ont accompagnés, du
tems , du lieu où ils ont été commis, des
preuves & des indices qui exiftent contre
les prévenus. *Méme loi, art.* 41.

Les uns & les autres ont le choix d'aller
à la recherche des objets volés , de les
fuivre dans les lieux où ils ont été tranf-
portés , & de les mettre en féqueftre ; mais
néanmoins, il leur eft défendu de s'introduire dans les maifons, atteliers , bâtimens, & cours adjacentes, fi ce n'eft en
préfence du maire ou de fon adjoint. *Méme
loi, art.* 41. Voyez *affiftance.*

Le garde foreſtier remet ſon procès-verbal à l'agent de l'adminiſtration foreſtière, & le garde champêtre le remet au ſous-préfet. *Méme loi, art* 42.

Les maires & adjoints ſont tenus de dénoncer au directeur du jury, les négligences, abus & malverſations des gardes champêtres. *Méme loi, art.* 4 .

L'article 29 de la loi du 21 fructidor an 3, ſubſtitue les adminiſtrations municipales aux diſtricts, & les agens municipaux aux municipalités, dans les communes au-deſſous de cinq mille habitans.

Delà il réſulte que les gardes champêtres & foreſtiers, qui étoient ci-devant à la nomination des diſtricts, ſur la préſentation des municipalités, ſont aujourd'hui à la nomination des maires. *Loi du* 20 *meſſidor an* 3, *art.* 1. *Loi du* 21 *fructidor an* 3, *art.* 19.

GARDE NATIONALE.

Les maires & adjoints ſont diſpenſés du ſervice de la garde nationale. *Loi du quatrième jour complémentaire an* 3.

GENDARMERIE NATIONALE.

Il exiſte de fréquens rapports entre les maires & la gendarmerie nationale. Celle-

ci partage souvent avec le maire les fonctions d'officier de police judiciaire ; dans
quelques occasions, la gendarmerie prête
main-forte au maire pour l'exécution des
loix ; & d'autres fois aussi, le maire vient
à l'aide de la gendarmerie, & lui fournit
le secours de l'autorité civile pour assurer
le succès de la force militaire.

§ I.er

*Des fonctions de la gendarmerie nationale
par délégation de l'autorité civile.*

La gendarmerie nationale ne peut faire
aucune visite dans la maison d'un citoyen,
où elle soupçonneroit qu'un coupable
s'est réfugié, sans un mandat spécial de
perquisition décerné, soit par le directeur
du jury, soit par le juge-de-paix, soit par
le commissaire de police, soit par le maire
faisant les fonctions de commissaire de
police. *Loi du 28 germinal an 6, art. 131.*

Elle est tenue de prêter main-forte pour
l'exécution des mandats d'amener ou des
arrestations, prononcées par le maire, sur
la réquisition qui en est faite par ce dernier, ou pour la sûreté & la tranquillité
des foires & marchés, fêtes & cérémonies
publiques. *Même loi, art.* 140 & 145.

H 4

Le maire & l'adjoint ne peuvent requérir la gendarmerie que dans l'étendue de leur territoire. *Même loi, art.* 143.

La réquisition de la gendarmerie nationale ne peut être faite autrement que par écrit; & elle doit annoncer la loi, l'arrêté des consuls ou de l'administration, ou de toute autre autorité constituée, en vertu desquels la gendarmerie nationale doit agir. *Même loi, art.* 147.

§ I I.

Des cas où l'autorité civile & la gendarmerie nationale s'aident réciproquement.

Lorsque les officiers, sous-officiers ou gendarmes nationaux sont outragés dans l'exercice de leurs fonctions, ou menacés par gestes ou par paroles, le commandant est autorisé à faire sur-le-champ saisir les coupables, & à les faire déposer dans la maison d'arrêt, en se conformant, à cet égard, à ce qui est prescrit par l'art. 71, de la loi du 3 brumaire an IV. *Loi du 28 germinal an 4, art.* 229.

Lorsque la désobéissance est portée au point de compromettre la sûreté des membres de la gendarmerie nationale, qui sont dans l'exercice de leurs fonctions, ceux-ci doivent prononcer à haute voix : *force à la loi*. A cette exclamation, tous les bons citoyens sont tenus de prêter main-forte à la gendarmerie nationale, tant pour repousser les attaques, que pour assurer l'exécution des réquisitions & ordres légaux dont la gendarmerie nationale sera chargée. *Loi du 28 germinal an 6, art.* 230.

C'est en pareille occasion que l'autorité administrative est nécessaire pour légitimer le développement des forces militaires. La résistance des attroupés ne peut être vaincue par les armes, qu'autant que les membres de la gendarmerie nationale en auroient reçu la permission par un arrêté du préfet, sous-préfet ou du maire, & qu'ils seront assistés, pour l'exécution de ce dernier. *Loi du 28 germinal an 6, art.* 231. Voyez *attroupement, main-forte.*

GENS SANS AVEU.

La loi du 12 juillet 1791 oblige les officiers de police & les municipalités, à ouvrir sur la fin de chaque année, dans les communes de leur arrondissement, un registre de population. Voyez *tableau de population, tit. 1, art.* 1.

Ce regiſtre doit contenir les déclarations que chacun aura faites de ſes noms, âge, lieu de naiſſance, dernier domicile, profeſſion, métier & autres moyens de ſubſiſtance. Le déclarant qui n'auroit à indiquer aucun moyen de ſubſiſtance, déſignera les citoyens domiciliés dans la municipalité dont il ſera connu, & qui pourront rendre un bon témoignage de ſa conduite. *Même titre, art.* 2.

Ceux qui, étant en état de travailler, n'auront ni moyens de ſubſiſtance, ni métier, ni répondans, ſeront inſcrits avec la note de gens ſans aveu.

Ceux qui refuſeront toute déclaration, ſeront inſcrits ſous leur ſignalement & demeureront avec la note de gens ſuſpects.

Ceux qui ſeront convaincus d'avoir fait de fauſſes déclarations, ſeront inſcrits avec la note de gens mal intentionnés.

Il ſera donné communication de ce regiſtre aux officiers ou ſous-officiers de la gendarmerie nationale, lors de leur tournée. *Même titre, art.* 3.

Tout individu voyageant, & trouvé hors de ſon canton, ſans paſſe-port, ſera mis ſur le champ en état d'arreſtation, & détenu juſqu'à ce qu'il ait juſtifié être inſcrit ſur le tableau de la commune de ſon domicile.

A défaut de justifier, dans deux décades, de son inscription sur le tableau d'une commune, il sera réputé vagabond & sans aveu, & traduit comme tel devant les tribunaux compétens *Loi du 10 vendémiaire an 4, tit. 3, art. 6 & 7.*

G R A M M E.

Le gramme est la mesure de poids, adoptée dans le nouveau système des poids & mesures.

Le gramme équivaut à 19 grains environ; il se divise en demi-gramme, & se convertit en double gramme, pour la facilité du calcul.

La réunion de dix grammes, s'exprime par le mot de décagramme. Voyez *déca.*

Un décagramme répond à un gros & tiers de gros.

Le gramme, demi-gramme, double gramme & décagramme sont employés pour les pesées d'objets précieux, tels que l'or, l'argent, les diamans, ou pour ceux dont le poids exige beaucoup de précision, comme les matières pharmaceutiques.

Cent grammes s'expriment par le mot hecto-grammes. Hecto, veut dire cent. (Voyez *hectares*).

H 6

Un hectogramme se rapproche assez du quarteron ; car une livre est composée de cinq hectogrammes. Dix hectogrammes forment mille grammes, qui s'indiquent par le mot de kilo-gramme. (Kilo veut dire mille). Voyez *Kilo*.

Le poids de mille grammes est d'un grand usage pour les matières les plus communes ; il revient à deux livres.

L'hectogramme se divise en demi-hec-togramme, ce qui fournit le poids d'une livre.

Il y a aussi le double hectogramme, qui donne le poids de quatre livres, environ.

Enfin, il y a un poids de dix mille grammes, qui s'exprime par le mot my-riagrammes (notez que myria veut dire dix mille).

Le myriagramme représente environ vingt livres de poids de marc ; en dou-blant le myriagramme, vous avez l'i. di-cation du poids de 40 livres ; ainsi du reste. Voyez *mesures républicaines.*

H E C T A R (*ou hecto-ares*).

Le terme hecto, ajouté à une mesure primitive, est employé dans la nomenclature des nouvelles mesures, pour exprimer cent unités.

Ainsi hecto-ares ou hectare veut dire cent ares, qui représentent à-peu près deux arpens.

L'hectare ne peut manquer d'être d'un grand usage, dans les opérations des maires & adjoints, par la facilité dont il est pour l'indication des mesures agraires : en effet, cette dénomination pouvant se modifier en demi-hectare, quart d'hectare & huitième d'hectare, on pourra promptement, & sans la moindre peine, s'en servir pour réduire les anciennes mesures au nouveau système. Voyez *are*, *mesures républicaines*.

INCENDIE.

Le maire est tenu de faire, au moins une fois par année, la visite des fours & cheminées de toutes maisons & de tous bâtimens éloignés de moins de 100 toises d'autres habitations. Ces visites doivent être préalablement annoncées huit jours d'avance. *Loi du 6 octobre 1791, tit. 2, art. 9.*

Après la visite, il peut ordonner les réparations ou démolitions nécessaires. *Même article.*

Lorsqu'un incendie se manifeste dans une forêt nationale, toutes les communes riveraines sont tenues, à la première réquisition des gardes forestiers, de leur aider à y porter secours & arrêter les effets du feu. *Arrêté du directoire exécutif, du 25 pluviose an 6, au sujet de la forêt d'Orléans.*

« Celles qui s'y refuseroient, même
» les particuliers, qui sans raisons vala-
» bles s'en dispenseroient, seront notés
» & privés de l'exercice du droit de pâ-
» turage dans la forêt ». *Même arrêté, art. 2.*

Les dispositions de l'article 32 du titre XXVII de l'ordonnance de 1669, qui défendent de porter ou d'allumer du feu dans les forêts, continuent d'être exécutées selon leur forme & teneur. *Même arrêté, art. 3.*

Les agens forestiers & les municipalités riveraines sont chargées de prévenir les délits de cette espèce, d'en rechercher, dénoncer les auteurs, & de les poursuivre suivant la rigueur des loix. *Même arrêté, art. 4.*

I N D I C A T E U R S.

La loi du 3 frimaire an 7, appelle de ce nom les propriétaires, fermiers ou mé-

tayers, choisis par les répartiteurs, pour
les aider à former l'état de section. Voyez
état de section.

Les noms des indicateurs doivent être
portés à la suite du tableau destiné à faire
connoître les différentes sections de la
commune, proclamés & affichés avec lui.
Loi du 3 frimaire an 7, art. 40.

Au jour indiqué pour dresser l'état de
section, les répartiteurs appellent au moins
deux de ces indicateurs pour composer
avec eux les états de section.

Le ministère de ces indicateurs n'est
pas forcé; & s'ils ne se rendent pas à l'invitation, les répartiteurs peuvent les remplacer par d'autres personnes, sur le-champ
& sans aucune formalité. *Ibid, art.* 42.

I N H U M A T I O N.

Le maire ne doit permettre l'inhumation que vingt-quatre heures après le
décès duement vérifié, à moins qu'il n'y
ait urgence par la décomposition rapide
du cadavre.

Mais une circonstance qui doit sur-tout
retarder l'inhumation, est celle d'une
mort violente ou d'un décès qui la font
présumer; en pareil cas, l'inhumation ne
doit être permise qu'après que le maire a

recueilli & conftaté, dans un procès-verbal
fait en préfence des officiers de fanté, les
renfeignemens capables d'éclairer la juftice
fur le genre de la mort. Voyez *décès* &
fépulture.

INONDATION.

L'inondation eft au nombre des accidens qui doivent provoquer la furveillance & l'activité du maire, pour arrêter
les progrès du mal & fauver de l'invafion
des eaux les perfonnes, les beftiaux, les
fubfiftances, &c.

Alors, comme dans les cas d'incendie,
il lui eft permis de requerir le fecours
des citoyens, fauf enfuite à dénoncer au
tribunal de police municipale ceux qui,
dans un cas auffi urgent, auroient eu
l'inhumanité de refufer leur affiftance.

L'inondation autorife le maire, ainfi
que la gendarmerie nationale, à s'introduire dans les maifons particulières, fans
réquifition. *Loi du 28 germinal an 6, art.
131. Voyez gendarmerie nationale.*

INSTRUCTION PUBLIQUE.

L'organifation du fyftême de l'inftruction publique eft encore incomplette du

côté des moyens d'exécution ; mais, quoi-
qu'il arrive, il n'y a pas de doute que
les maires ne foient affociés à la furveillance des écoles primaires, & ne reçoivent la déclaration de ceux qui fe defti-
neront à l'état d'inftituteurs.

Cette fonction fe trouve déjà indiquée
par l'art. 3 de la fection première du décret *du 29 frimaire an 2*, ainfi conçu :

« Les citoyens & citoyennes qui vou-
» dront ufer de la liberté d'enfeigner,
» feront tenus,

1°. De déclarer à la municipalité du
lieu ou fection de la commune, qu'ils
font dans l'intention d'ouvrir une école.

2°. De défigner l'efpèce de fcience ou
art qu'ils fe propofent d'enfeigner. Voyez
auffi *l'arrêté du directoire exécutif, du* 17
pluviofe an 6.

Par la loi du 21 nivofe an 8, ils font
tenus de faire la déclaration fuivante : *Je
promets d'être fidelle à la conftituti n.*

JEUX PROHIBÉS.

On trouve dans les loix & les réglemens
de police l'état détaillé des divers jeux,
qui font profcrits & défendus, comme
étant une occafion de ruine & de défordre.

C'eſt ſur cette eſpèce de jeux que le
maire eſt autoriſé à étendre ſa ſurveillance.
A cet effet, il lui eſt permis d'entrer dans
les maiſons où il y auroit raſſemblement
de gens affidés, occupés à de pareils jeux ;
mais il ne peut ſe permettre cette viſite ,
que ſur la dénonciation de deux citoyens
domiciliés. *Loi du 22 juillet 1791 , tit. 1 ,
art. 10.*

Lorſque les contrevenans ſont ſurpris
en flagrant délit, le maire doit dreſſer
procès-verbal , ſaiſir les objets qui com-
poſent le jeu , & adreſſer le tout au ſous-
préfet. *Même loi , art. 36 & 37 du tit. 2.*

Les maires & adjoints municipaux doivent s'oppoſer à ce que les habitans n'ad-
mettent au nombre de leurs amuſemens
des jeux barbares & ſanglans.

Voici comment s'explique à ce ſujet le
miniſtre de la police, dans ſa circulaire
du 16 frimaire an 7, relative à la célébration du décadi.

« Il eſt encore beaucoup de cantons ru-
» raux où des animaux vivans ſont ex-
» poſés pour but & pour prix de l'adreſſe.
» Ces jeux cruels ne ſont propres qu'à
» émouſſer la ſenſibilité, & à faire con-
» tracter cette férocité, ſource funeſte des
» maux de la ſociété. Magiſtrats républi-
» cains, écartez de vos concitoyens ces

» divertiffemens barbares, & que des êtres
» inanimés remplacent ces viĉtmes fan-
» glantes ».

JOURS DE REPOS.

Un arrêté du conseil d'état ne reconnoît
plus de jours de repos pour les particuliers ;
ils peuvent fe livrer à leurs travaux, ouvrir leurs boutiques & magafins à leur
volonté. Le décadi eft un jour de repos
pour les adminiftrations & fonĉtionnaires
publics.

JURI D'ÉQUITÉ.

La loi du 14 thermidor an V, art. 7,
établiffoit un juri d'équité pour la répartition de la contribution perfonnelle, mobiliaire & fomptuaire.

Ce juri étoit compofé de fept membres
pour les cantons au-deffus de dix mille
habitans, & de cinq feulement pour ceux
de dix mille & au-deffous.

Cette inftitution fe trouve abrogée par
l'article premier de la loi du 3 nivofe
an VII, qui confie la répartition de la contribution perfonnelle, mobiliaire & fomptuaire, aux mêmes répartiteurs déja chargés
de la contribution foncière. *Loi du 14 ther-*

midor an **V**, *art.* 7. *Loi du* 7 *nivofe an* 7, *art.* 1.

J U R I S D I C T I O N.

Quoique les maires & adjoints ne foient, en général, confidérés que comme admi-niftrateurs & officiers de police, néan-moins, en quelques occafions, ils poffè-dent le droit de jurifdiction par la difpo-fition de deux loix.

La première de ces loix eft celle du 6 nivofe an **IV**, concernant le tarif de la pofte aux chevaux, qui introduit la peine d'un jour de détention pour le poftillon qui aura refufé de marcher, ou exigé du voyageur un prix au-delà du tarif, & même trois jours, s'il a menacé ou infulté le voyageur.

La même loi inveftit le maire ou l'adjoint du droit de prononcer cette peine contre le poftillon. *Loi du* 6 *nivofe an* 4, & 5.

L'autre loi, qui érige en juges les maires & adjoints, eft celle du 3 nivofe an 6. — Portant établiffement d'un droit d'entretien des routes.

Cette loi ordonne que les conteftations qui s'élèveront aux barrières, entre les

percepteurs & les voyageurs, au fujet
de l'application du tarif, & de la quotité
de la taxe, feront portées devant le maire
le plus voifin, fur les mémoires des re-
ceveurs.

Il eft même permis au maire de fe
tranfporter au bureau, s'il le croit néceffaire, pour vifiter l'état de la voiture.

K I L O - M E T R E.

Kilo veut dire mille ; quand il eft ajouté
à une mefure, il fignifie cette mefure répétée mille fois : ainfi kilo - mètre n'eft
autre chofe que la réunion de mille mètres,
comme kil-are eft celle de mille ares ; kilolitre celle de mille litres : kilo - gramme
celle de mille grammes ; kilo-ftère celle
de mille ftères.

Un kilo - mètre répond à cinq cents
toifes environ. Voyez *mètres, mefures répu-*
blicaines.

L I E U X   P U B L I C S.

Autant la loi impofe aux maires de cir-
confpection pour s'introduire dans les maifons des particuliers, autant elle leur laiffe
le liberté pour entrer dans les lieux publics.

« A l'égard des lieux où tout le monde
» est admis, tels que cafés, cabarets, bou-
» tiques & autres, les officiers de police
» pourront toujours y entrer, soit pour
» prendre connoissance des désordres ou
» contraventions aux réglemens, soit pour
» vérifier les poids & mesures, le titre
» des matières d'or & d'argent, la salu-
» brité des comestibles & médicamens.
Loi du 22 juillet 1791 , tit. 1 , art. 9.

» Ils pourront aussi entrer, en tout
» temps, dans les maisons où l'on donne
» habituellement à jouer des jeux de ha-
» sard, mais sur la désignation qui leur en
» auroit été donnée par deux citoyens
» domiciliés.

» Ils pourront également entrer, en
» tout temps, dans les lieux notoirement
» livrés à la débauche ». *Même titre, art.* 10.
Voyez *visites.*

LITRE.

C'est, dans le nouveau système des poids
& mesures, l'étalon de la mesure de capa-
cité, qui répond à la pinte & au litron
de Paris ; la chopine & le demi-litron,
se remplacent par le demi-litre, ce qui est
une grande facilité, dans l'usage journa-
lier. Voyez *mesures républicaines.*

Le litre eſt ſuſceptible des dénominations augmentatives, telles que décalitre
(dix litres); hectolitre (cent litres);
kilolitre (mille litres) ; myrialitre (dix
mille litres).

Et de dénominations diminutives, telles
que décilitre (la dixième partie d'un litre);
centilitre (la centième partie d'un litre).
Voyez *meſures républicaines.*

LIVRE DES MUTATIONS.

C'eſt un regiſtre ouvert dans chaque
adminiſtration municipale, & deſtiné à recevoir la déclaration des mutations de
propriété foncière ſurvenues dans l'intervalle d'une année, à l'effet de régler la
répartition de la contribution foncière.

Le livre des mutations doit être côté &
paraphé à chaque feuille par le maire, &
porter en tête l'énonciation du nombre
des feuillets dont il ſe trouvera compoſé
& de la date de ſon ouverture, le tout
ſigné par le maire.

La note de chaque mutation doit être
inſcrite au livre des mutations, à la dili-
gence des parties intéreſſées. Elle contiendra la déſignation préciſe des objets, &
le titre en vertu duquel la mutation a eu
lieu.

Jusqu'à l'accomplissement de cette formalité, l'ancien propriétaire continuera d'être imposé au rôle. *Loi du 3 frimaire an 7, art.* 33, 34, 35 *&* 36.

LOCATIONS.

La loi du 23 fructidor an 6 charge les administrations de remplacer les époques anciennes des locations, par des époques analogues à l'annuaire républicain.

Le maire est chargé de veiller à ce que les termes de location ne rappellent plus les époques de l'ancien calendrier, telles que celles de Pâques, St. Jean, St. Remy & Noel, lesquelles doivent être remplacées par d'autres indications.

Les locations annuelles se divisent actuellement en quatre parties, de trois mois chacune, à commencer par le premier vendémiaire, & ainsi de suite. Chaque terme doit donc être énoncé par le premier jour du mois où il commence, & l'on dira, le terme du premier Nivose, du premier Germinal, du premier Messidor & du premier Vendémiaire. Voyez *affiches.*

Le maire doit veiller à ce que les affiches, annonces & publications de locations & baux, soient faits d'après le cadrier républicain.

LOGEMENT

LOGEMENT DES GENS DE GUERRE.

Lorsque les troupes doivent faire séjour dans une commune, les commiſſaires des guerres font donner avis au maire du jour de leur arrivée & du temps de leur séjour. *Loi du 23 mai 1792, art. 10.*

Le maire délivre en conséquence les billets de logement pour les communes de ſon arrondiſſement, & les billets ſe ſubdiviſent enſuite, par les ſoins de l'agent municipal, entre les habitans de la commune.

A l'égard des attentions que le maire doit prendre en pareille occaſion, des exemptions & diſpenſes de logement, des devoirs reſpectifs de l'habitant & du militaire, les détails ſont énoncés dans le décret du 23 mai 1792, qui ſe trouve à la fin de cet ouvrage, à l'ordre de ſa date.

L O G E U R S.

Les logeurs, aubergiſtes & maîtres de maiſons garnies, qui inſcrivent ſur leurs regiſtres des noms qu'ils ſavent n'être pas ceux des individus logés chez eux, encourent la peine de l'empriſonnement. *Loi du 17 ventoſe an 4, art. 3.*

I

LOUPS (destruction des).

Les maires & adjoints font appelés à concourir à la destruction des loups, par leur surveillance & leurs soins.

La loi du 10 messidor an 5, a déterminé des primes des indemnités, par forme d'encouragement, à ceux qui en auro ent purgé le pays.

L'article 2 accorde 50 francs par tête de louve pleine ; 40 francs par tête de loup, & 20 francs par tête de louveteau.

Lorsqu'il est constaté qu'un loup enragé ou non, s'est jeté sur des hommes ou enfans, il y a une prime de 150 francs pour celui qui le tuera.

Celui qui prétend à l'une de ces indemnités, doit se présenter devant le maire de la commune la plus voisine de son domicile, & y faire constater la mort de l'animal, son âge, son sexe ; & si c'est une louve, il sera dit si elle est pleine.

Le maire dresse un procès-verbal des circonstances, & il l'envoie, avec la tête de l'animal, à la préfecture, qui délivre un mandat sur le receveur du département, sur les fonds qui sont, à cet effet, mis entre ses mains par ordre du ministre de l'intérieur. *Loi du 10 messid. · an 5.*

M A I N - F O R T E.

Les maires jouissent du droit de faire une réquisition & de provoquer la main-forte pour l'exercice de leurs fonctions.

En matière d'attroupemens séditieux, la gendarmerie nationale ne peut user de voies de fait, qu'autant qu'elle aura ell'e-même obtenu une espèc de main-forte de la part de l'autorité civile.

Cette main-forte s'opère par un arrêté du maire.

Voici quelles sont les formalités à remplir, afin de légitimer le déploiement de la force armée. D'abord le maire présent, doit prononcer à haute voix ces mots :

« *Obéissance à la loi* :

« On va faire usage de la force ; que » les bons citoyens se retirent ».

Cette sommation doit être réitérée trois fois, à quelque distance l'une de l'autre.

Après quoi, si la résistance continue, & si les personnes attroupées ne se retirent pas paisiblement, la force des armes sera à l'instant déployée contre les séditieux, sans aucune responsabilité des événemens ; & ceux qui pourront être saisis ensuite, seront livrés aux officiers de police, pour être jugés & punis suivant la rigueur des loix. *Loi du 26 germinal an 8, art. 232.* Voyez *attroupement, force armée.*

MANDATS D'AMENER.

Le droit de décerner des mandats d'amener appartient aux maires, par concurrence avec le directeur du jury, le juge de paix & les officiers de gendarmerie nationale, contre les prévenus des cas suivans :

De vols commis à force ouverte ou par violence, sur les routes & voies publiques, ceux commis dans les maisons habitées, avec effraction extérieure ou escalade.

D'avoir attaqué, sur les routes & voies publiques, soit les voitures publiques de terre ou d'eau, soit les couriers de la poste ou leurs malles, soit les couriers porteurs des dépêches du gouvernement ou des ministres, ou des autorités constituées, ou des généraux, soit les voyageurs.

Contre ceux qui, dans un rassemblement de plus de deux personnes, se seront introduits, même sans effraction, dans la maison d'un citoyen, & y auront commis ou tenté d'y commettre des vols à force ouverte ou par violence envers des personnes ;

Et encore contre ceux qui se sont rendus les complices & instigateurs des délits sus-énoncés.

Sous ce nom de complices & instigateurs, la loi comprend ceux qui sont convaincus d'avoir enrôlé pour ces rassemblemens, ou de les avoir commandés, ou de leur avoir fourni, soit de l'argent, soit des armes, soit des munitions, dans l'intention de préparer, d'aider, ou de favoriser le crime, ou de leur avoir sciemment & dans le même dessein, prêté asyle, ou recelé, soit les coupables, soit les effets par eux volés. *Loi du 29 nivose an 6, art. 1, 2, 3, 4 & 5.*

Observons néanmoins que dans les cas ci-dessus énoncés, le maire n'a le droit de décerner un mandat d'amener, qu'autant qu'il a été informé le premier d'un délit.

Observons encore qu'il est tenu, sous les peines portées contre les détentions arbitraires, de traduire, sans délai, les individus qu'il aura fait saisir, par-devant l'un des fonctionnaires publics compétens, pour décerner les mandats d'arrêts, tels que le juge de paix du canton, ou le directeur du jury du lieu du délit. *Loi du 29 nivose an 6, art. 9 & 10. Voyez arrestation, fausse monnoie, évasion de prisonniers.*

MARCHANDISES ANGLAISES.

La prohibition des marchandiſes anglaiſes a été conſidérée comme une meſure
de ſalut public, néceſſaire à l'encouragement des manufactures nationales;

En conſéquence, l'importation des marchandiſes manufacturées, provenant, ſoit
des fabriques, ſoit du commerce anglais,
eſt interdite, tant par mer que par terre,
dans toute l'étendue de la république françaiſe. *Loi du 10 brumaire an 5, art. 1.*

Après avoir détaillé, dans l'art. 5, les
objets compris dans la prohibition, la loi
ajoute qu'il eſt défendu à toutes perſonnes
de vendre, ou d'expoſer en vente aucun
des objets provenant des fabriques ou du
commerce anglais, & à tous imprimeurs
d'imprimer aucun avis qui annonceroient
ces ventes.

Toutes enſeignes ou affiches indiquant
des dépôts ou des ventes de marchandiſes
anglaiſes doivent être retirées ſous vingt-
quatre heures.

Un maire, accompagné du ſous-préfet,
pourra, dans l'arrondiſſement du canton,
viſiter de jour les maiſons occupées par
tout citoyen faiſant le commerce, à l'effet
de conſtater les contraventions.

En cas de contravention, le délinquant peut être arrêté sur-le-champ & traduit au tribunal de police correctionnelle; procès-verbal de saisie préalablement fait, avec les formalités requises.

Si la confiscation est ordonnée, la loi accorde un sixième de son produit au maire qui a assisté à la saisie, ainsi qu'au sous-préfet. *Même loi, art.* 16, *& loi additionnelle du* 19 *pluviose an* 5.

MARIAGES.

Les maires & adjoints remplissant pour l'état civil les fonctions ci-devant attribuées aux administrations municipales, sont chargées des mariages.

Le maire reçoit & conserve les actes destinés à constater les mariages.

L'âge requis pour les mariages est de 15 ans révolus pour les hommes, & de 13 ans révolus pour les filles.

Toute personne est majeure à 21 ans accomplis.

Les mineurs ne peuvent être mariés sans le consentement de leurs père & mère, ou parens ou voisins.

Le consentement du père est suffisant.

Si le père est mort ou interdit, le consentement de la mère suffit.

Dans le cas où la mère feroit décédée ou en interdiction, le confentement des cinq plus proches parens paternels ou maternels, eft néceffaire.

Lorfque les mineurs n'auront point de parens ou n'en auront pas au nombre de cinq dans l'arrondiffement, on y fuppléera par des voifins pris dans le lieu où les mineurs feront domiciliés.

Les parens & les voifins affemblés dans la maifon commune du lieu du domicile du mineur, délibérent à cet égard devant le maire ou fon adjoint.

Le confentement eft donné ou refufé, d'après la majorité des fuffrages.

Toute perfonne engagée dans les liens du mariage, ne peut en contracter un fecond, que le premier n'ait été diffous conformément aux loix.

Le mariage eft prohibé entre les parens naturels & légitimes en ligne directe, entre les alliés dans cette ligne, & entre le frère & la fœur.

Ceux qui font incapables de confentement, ne peuvent fe marier.

Les mariages faits contre les cas ci-deffus expofés, font nuls & de nul effet.

Les perfonnes majeures qui veulent fe

marier, font tenue; de faire publier leurs promeffes réciproques dans le lieu du domicile actuel de chacune des parties. Les promeffes des perfonnes mineure font publiées dans celui de leurs pères & meres, & fi ceux-ci font morts ou interdits, dans celui ou fera tenue l'affemblée de famille requife pour le mariage des mineurs.

Le domicile relativement au mariage, eft fixé par une habitation de fix mois dans le même lieu.

Le mariage eft précédé d'une publication faite devant la porte extérieure & principale de la maifon commune, par le maire; elle ne peut avoir lieu que les jours de décadi, dans le lieu & à l'heure des féances municipales.

La déclaration de mariage ne peut être reçue que huit jours après la publication. *Arrété des confuls du 7 thermidor an 8.*

La célébration des mariages étoit autrefois fixée au jour de décadi feulement; elle peut actuellement se faire huit jours après la publication.

On dreffe acte de la publication fur un regiftre particulier à ce deftiné; ce regiftre ne fera pas tenu double, & fera dépofé, lorfqu'il fera fini, aux archives de la municipalité.

I 5

L'acte de publication contiendra les prénoms, noms, profession & domicile des futurs époux, ceux de leurs pères & mères, & les jour & heure de la publication. Il doit être signé par le maire.

Un extrait de l'acte de publication doit être affiché à la porte de la maison commune, dans un tableau à ce destiné.

Dans les villes dont la population excède dix mille ames, un pareil tableau doit être placé sur la principale porte du chef-lieu des sections sur lesquelles les futurs époux habiteront.

Les personnes dont le consentement est requis pour le mariage des mineurs, peuvent seules s'y opposer.

Sont également reçues à former opposition aux mariages, soit des majeurs, soit des mineurs, les personnes déjà engagées par mariage avec l'une des parties.

Dans le cas de démence des majeurs, & lorsqu'il n'y aura point encore d'interdiction prononcée, l'opposition de deux parens est admise.

L'acte d'opposition doit contenir les motifs, & doit être signé par la partie opposante, ou par son fondé de procuration spéciale, sur l'original & sur la copie. Il

faut donner copie des procurations en tête
de celle de l'opposition.

L'acte d'opposition doit être signifié au
domicile des parties, & au maire qui mettra
son *visa* sur l'original.

Il doit être fait une mention sommaire
des oppositions par l'officier public, sur
les registres des publications.

La validité de l'opposition est jugée en
première instance par le juge de paix du
domicile de celui contre lequel l'opposition
aura été formée; il doit y être statué dans
trois jours. L'appel est porté au tribunal
civil, sans que les parties soient obligées
de se présenter au bureau de conciliation:
le tribunal prononce sommairement &
dans la huitaine. Les délais, soit pardevant
le juge de paix, soit pardevant le tribunal
d'appel, ne peuvent être prorogés.

Une expédition des jugemens de main-
levée est remise au maire, qui en fait mention en marge de celle des oppositions sur
le registre des publications.

Toutes oppositions formées hors les cas,
les formes, & par toutes personnes autres
que celles ci-dessus désignées, sont regardées comme non avenues, & le maire
pourra passer outre à l'acte de mariage;

mais dans les cas & les formes ci-dessus spécifiés, il ne pourra passer outre au préjudice des oppositions, à peine de destitution, de trois cents livres d'amende, & de tous dommages & intérêts.

L'acte de mariage doit être reçu dans la maison commune du lieu du domicile de l'une des parties.

Le decadi choisi par les parties pour contracter leur mariage, elles se rendront dans la salle publique de la maison commune, avec quatre témoins majeurs, parens ou non parens, sachant signer, s'il peut s'en trouver aisément dans le lieu qui sachent signer.

Le maire fait lecture en leur présence, des piéces relatives à l'état des parties & aux formalités du mariage ; tels que les actes de naissance, les consentemens des pères & mères, l'avis de la famille, les publications, oppositions & jugemens de main-levée.

Après cette lecture, le mariage est contracté par la déclaration que fait chacune des parties à haute voix, en ces termes :

Je déclare prendre (le nom) *en mariage.*

Aussitôt après cette déclaration faite par

les parties, le maire, en leur préfence & en celle des mêmes témoins, prononce au nom de la loi, qu'elles font unies en mariage.

L'acte de mariage fera de fuite dreffé par le maire. (Voyez *la formule des cultes & mariages dans le fecond volume*).

Cet acte eft figné par les parties, par leurs père, mère & parens préfens, par les quatre témoins & par le maire; en cas qu'aucun d'eux ne fût ou ne pût figner, il en fera fait mention.

Les mineurs dont les père & mère feroient morts, interdits ou abfens pour caufe légitime, telle qu'il leur fût impoffible de donner leur confentement au mariage de leurs enfans, font autorifés à fe marier fur l'avis d'un confeil de famille.

Ce confeil doit être compofé des deux plus proches parens du mineur, de deux autres de fes parens qui ne foient pas au nombre de fes héritiers préfomptifs. Il fera convoqué fur la réquifition du mineur par le maire, qui y aura voix délibérative.

Si le confeil de famille ne donne pas fon confentement au mariage, il s'ajourne à un mois ; & à l'expiration de ce délai , fi le mineur perfifte, le refus du confeil ne peut être fondé que fur le défordre notoire des mœurs de la perfonne que le mineur veut époufer, ou la non réhabilitation après un jugement portant peine d'infamie. *Loi du 7 feptembre 1793.*

Les perfonnes qui fe trouvent dans l'impoffibilité de fe procurer leur acte de naiffance font admifes à fe marier, en conftatant par acte de notoriété dans la forme ci-après, qu'elles ont atteint l'âge requis à cet effet.

L'acte de notoriété eft délivré par le juge de paix de la réfidence actuelle de la perfonne qui veut fe marier, fur la déclaration de trois des parens réfidant dans le même lieu, ou à leur défaut, de trois de fes voifins on amis.

Lorfqu'il y aura impoffibilité de faire les publications requifes par la loi du 20 feptembre 1792, dans le lieu du domicile des perfonnes qui voudront fe marier, le défaut de ces publications ne pourra faire obftacle au mariage, & il fuffira qu'elles fe faffent dans le lieu de leur réfidence. *Loi du 14 feptembre 1793.*

Les pièces néceffaires à la validité du mariage, telles que les actes de naiffance, confentie es des pères & mères, avis de famille, certificats de publications, oppo-

fitions & jugemens de main-levée, ne
doivent pas feulement être lues en préfence des parties ; mais elles doivent encore être annexées au regiftre, afin qu'on
y puiffe recourir en cas de conteftation ;
c'eft pourquoi le maire ou l'adjoint doivent avoir foin de retenir ces pièces, en
les refufant aux parties qui les reclame-
roient.

Circulaire du miniftre de l'intérieur du
27 ventofe an 7. *Journal des Débats* (ventofe), p. 404.

M A R I N E.

Les maires & adjoints font tenus, fous
leur refponfabilité, de prêter aux officiers
d'adminiftration de la marine, prépofés à
l'infcription maritime, les fecours prefcrits
par les loix des 7 janvier 1791 & 3 brumaire an 4, relatives à la levée des gens
de mer & ouvriers requis pour le fervice
des vaiffeaux, & pour celui des ports &
arfenaux.

M E N D I C I T É.

Le gouvernement a pris des mefures
contre l'une & l'autre efpèce de mendians,
en fourniffant des fecours aux uns, & des
travaux aux autres.

Tout individu valide, doit être arrêté par les ordres du maire de la commune sur laquelle il est trouvé mendiant, & conduit devant le juge de paix, pour être, par celui-ci, procédé conformément à la loi du 22 juillet 1791, & 24 vendémiaire an 2.

Le procès-verbal du maire doit faire mention des circonstances apparentes qui pourroient se joindre au fait de mendicité, comme :

1°. De mendier avec armes ;

2°. De s'introduire dans l'intérieur des maisons ou de mendier la nuit ;

3°. De mendier deux ou plusieurs ensemble ;

4°. De mendier avec de faux certificats de causes ou infirmités supposées, ou déguisement ;

5°. De mendier après avoir été repris de justice.

6°. Et enfin de mendier hors du canton de son domicile.

En cas de résistance de la part de plusieurs mendians réunis, le maire est autorisé à employer la force armée, & à user des mesures indiquées contre les astroupemens séditieux. Voyez *attroupemens, main-forte.*

MESURES RÉPUBLICAINES.

La loi a donné le nom de mesures républicaines aux mesures adoptées par le nouveau fystême, en ces termes :

« Les nouvelles mesures feront distin- » guées dorénavant par le furnom de répu- » blicaines ». *Loi du 18 germinal an 3, art. 5.*

Ces mesures font les feules qu'il foit aujourd'hui permis aux maires & adjoints d'employer dans leurs actes & procès-verbaux.

Dans ces divers actes, il ne doit plus être queftion d'arpens, mines, perches, &c. pour l'arpentage des terres ; ni de lieues pour la diftance des chemins ; ni d'aune pour le mefurage des étoffes ; ni de pintes, de litrons, de boiffeaux pour celui des comeftibles, &c.

Toutes ces dénominations ont été remplacées par celles d'ares, de mètres, litres, ftères & grammes. *Même loi, art. 5.*

Ces différens termes font expliqués déjà dans le cours de cet ouvrage, à leur ordre alphabétique ; mais pour donner un tableau exact des mesures républicaines , & de leur rapport avec les anciennes, nous ne pouvons mieux faire que d'inférer ici un vocabulaire qui donnera fur cet objet les inftructions les plus utiles.

VOCABULAIRE

Des mefur s républicaines, avec l'indication de leurs valeurs & de leurs ufages.

MESURES DE LONGUEUR.	VALEURS ET USAGES.
Centimètre.	Centième partie du mètre. C'eft plutôt une fous-division qu'une mefure particulière. (1)
Décimètre.	Dixieme partie du mètre. Le double décimètre fait une mefure de poche très-commode.
Mètre. . .	Grandeur de l'étalon des mefures de la république. Dix – millionième partie du quart du méridien, ou longueur d'environ 3 pieds 11 lignes & demi.

(1) On pourroit confidérer le millimètre, millième partie du mètre; mais il est peu important pour le commerce.

MESURES DE LONGUEUR.	VALEURS ET USAGES.
	Servira pour l'aunage des étoffes & les toilés. Fait la hauteur ordinaire d'une canne, que chacun peut avoir à la main. Le demi-mètre & le double mètre peuvent être utiles pour différens mesurages.
Décamètre.	Dix fois la longueur du mètre. Environ 30 pieds. Propre à faire une chaîne d'arpentage.
Hectomètre	Longueur de cent mètres. Ne sera guère usité.
Kilomètre.	Équivaut à mille mètres, ou environ 500 toises.
Myriamètre	Sa valeur est de dix mille mètres, ou environ 5 mille toises, ce qui est un peu plus qu'une poste.

MESURES _DE_ CAPACITÉ.	VALEURS ET USAGES.
	Le kylomètre & le myriamètre feront bons pour exprimer les diftances itinéraires, & régler le placement des bornes pour la mefure des chemins.
Centilitre.	On n'a pas befoin de mefure plus petite de ce genre. On peut fe la repréfenter comme un petit verre pour l'eau-de-vie & les liqueurs. Son double ferviroit auffi très-bien au même ufage.
Décilitre. .	C'eft à-peu-près l'équivalent d'un gobelet ordinaire. On conçoit aifément à quoi il peut fervir. Sa moitié & fon double font analogues à d'autres mefures que l'on emploie maintenant pour les liquides.

MESURES *DE* CAPACITÉ.	VALEURS ET USAGES.
Litre	Sa capacité est celle d'un décimètre cube. Il diffère peu du litron & de la pinte de Paris, & servira aux mêmes usages, soit pour les liquides, soit pour les matières sèches. Sa moitié & son double feront aussi très-utiles.
Décalitre. .	Il peut tenir lieu, ainsi que le double décalitre, du boisseau pour la mesure du blé & de toute sorte de graines. Le demi-décalitre remplaceroit le picotin.
Hectolitre.	Servira pour plusieurs matières sèches, telles que les grains, le sel, le plâtre, la chaux, le charbon, &c. On pourroit, par la suite, donner cette contenance & son double aux futailles pour les vins. Le demi-hectolitre sera aussi fort utile, & spécialement pour les grains.

MESURES DE CAPACITÉ.	VALEURS ET USAGES.
Kilolitre. .	Capacité égale au mètre cube. C'eſt à-peu-près un tonneau de mer d'aujourd'hui, qui eſt moins un inſtrument de meſure qu'un mode d'évauation. Le myrialitre eſt ſuperflu.

Nota. Si l'on compare aux meſures anciennes la ſérie des litres décimaux , augmentée des doubles & des moitiés de chacun d'eux, on verra que depuis le cent litre juſqu'au décalitre , ils conviennent parfait ment pour les liquides ; & depuis le demi-litre juſqu'à l'hectolitre, pour les diverſes matières sèches.

POIDS.	VALEURS ET USAGES.
	Le milligrame seroit un peu moins pesant que le 50e. de grain, par conséquent donneroit une exactitue plus grande que les trente-deux èmes dont on s'est servi jusqu'à présent ; mais comme cette mesure n'est employée que dans les opérations très-délicates, & qui ne font pas partie des usages ordinaires du commerce, on peut se borner aux poids suivans :
Centigram..	Poids cent fois moindre que le gramme ; environ un cinquième de grain.
Décigram..	Pèse un peu moins que deux grains. Le demi-décigramme est donc à-peu-près le grain d'aujourd'hui.
Gramme...	Équivaut au poids de l'eau sous le volume d'un centi-

POIDS.	VALEURS ET USAGES.
	mètre cube; ce qui fait environ 19 grains. Très analogue au *gramma* des Grecs, dont il tire son nom. Il est très-propre à servir d'unité dans la pesée des matières précieuses, telles que l'or & l'argent, & toutes celles qui exigent beaucoup d'exactitude.
Décagram..	Poids de dix grammes. Sa moitié fait environ un gros & tiers; son double est un peu moins que les deux tiers d'une once.
Hectogram.	Poids de cent grammes.
Kilogram ..	Poids de mille grammes, très-commode pour la vente des matières les plus communes. Sa moitié excède notre livre actuelle, d'environ trois gros.

POIDS.

POIDS.	VALEURS ET USAGES.
Myriagram.	Poids de dix mille grammes. Un peu moindre que vingt livres & demie actuelles. Son double formera le plus gros des poids que l'on fera dans le cas d'employer, & remplira cet objet avec avantage.

Nota. On conçoit combien sont utiles les doubles & les moitiés de chacun des poids qui compofent la férie décimale. En formant de tous une feule férie, on voit qu'elle eft fort analogue à celle des anciens poids, qu'elle remplacera très-avantageufement dans tous les ufages du commerce.

MESURES AGRAIRES.	VALEURS ET USAGES.
Centiare...	Le centiare & le déciare ne font que des sous-divisions de l'are. Le premier est égal à un mètre carré. Le second en vaut dix.
Déciare...	
Are........	Unité des mesures pour les terreins ou l'arpentage. C'est l'équivalent d'un décamètre carré, ou de cent mètres carrés (environ 25 toises carrées.) Il est très-convenable pour la mesure des terreins précieux des villes, des jardins & des petites propriétés, ou de médiocre étendue. La dénomination de décaare, ou décare en syncopant, ne seroit presque d'aucun usage.
Hectare....	C'est une superficie contenant cent ares. Il peut être

MESURES AGRAIRES.	VALEURS ET USAGES.

employé pour l'évaluation des terreins d'une certaine étendue. L'hectare eſt un peu moins que le double du grand arpent de 100 perches carrées, la perche étant de 22 pieds.

Le kilare n'eſt pas important à conſidérer.

Myriare... Étendue de dix mille ares, ou équivalant à un carré d'un kilomètre de côté ; propre par conſéquent à la meſure des territoires un peu conſidérables , tels que celui d'une commune, d'un diſtrict, &c., lorſque l'on ne voudra pas les exprimer en carrés des meſures de longueur.

MESURES pour les bois de chauffage.	VALEURS ET USAGES.
Stère . . .	Quantité égale au mètre cube. En donnant un mètre de longueur aux bûches, il ne faut, pour obtenir le stère, que les ranger dans une membrure, ou chaffis carré, d'un mètre de côté. Si les bûches ont une autre longueur ; par exemple, trois pieds & demi, comme l'exige l'ordonnance des eaux & forêts, il n'y a qu'un léger changement à faire à la hauteur du chaffis, ce qui n'entraîne aucune difficulté. Le stère fera très-commode; il fera environ la demi-voie de bois de Paris. Le demi-stère & le double stère pourront être aussi em-

MESURES pour les bois de chauffage.	VALEURS ET USAGES.

ployés. Enfin, on pourroit aussi se servir du déci-stère, ou mieux encore du double déci-stère, pour régler la grosseur des fagots & la mesure des coterets, en déterminant leur longueur convenablement.

Les autres combinaisons du stère ne paroissent pas offrir d'usage utile.

MONNOIES.

Les monnoies sont ici considérées comme monnoies de compte, c'est-à-dire, sans faire attention à la valeur propre de l'unité principale.

Centime. . | Centième partie, ou valeur du centième de franc.

MONNOIES.	VALEURS ET USAGES.
Décime. . .	Dixième de franc, équivalant à 2 sous.
Franc. . . .	Unité principale de la monnoie ; la même que notre livre de 20 sous. Elle s'applique aux assignats comme à toute autre monnoie ; sa valeur absolue, c'est-à-dire, ce qu'elle peut procurer d'une certaine marchandise, varie, comme l'on sait, suivant les circonstances.

M E T R E.

C'eſt le premier degré des meſures de longueur. Il eſt de 3 pieds 11 lignes & demi (autant vaut dire de 37 pouces). Il ſert à l'aunage des étoffes & aux toiſes, tant qu'il n'excède pas un certain terme, après lequel il eſt employé pour les meſures itinéraires. Voyez *kilomètre, meſures républicaines.*

M Y R I A M E T R E.

Myria veut dire dix mille ; quand ce mot eſt ajouté à une meſure quelconque, il annonce qu'elle eſt répétée dix mille fois. Ainſi, myriamètre ſignifie dix mille mètres, comme myriagramme veut dire dix mille grammes, etc.

Le myriamètre embraſſant une extrême longueur, ne peut s'appliquer qu'aux meſures de routes & de chemins, & il répond à 5000 toiſes, ce qui eſt un peu plus que deux lieues de poſte. Voyez *mètre, meſures républicaines.*

M O N N O I E.

Les maires & adjoints doivent avoir attention à ne plus exprimer, dans leurs actes & procès-verbaux, les quantités monétaires sous les noms de louis, écus, vingt-quatre sous, &c., ni même d'admettre ces dénominations dans les déclarations qu'ils reçoivent. Il n'y a plus, pour signes monétaires, que le franc, qui équivaut à l'ancienne livre (20 sous). Le décime, qui est la dixième partie d'un franc, & qui équivaut à deux sous, & enfin le centime, qui est la centième partie d'un franc, ou la dixième partie d'un décime.

En un mot, dix centimes font un décime (ou deux sous); dix décimes font un franc (ou 20 sous). Voyez *mesures républicaines.*

C'est d'après ces données que les maires & adjoints doivent opérer, sous peine d'amende. Loi *du 17 frimaire an 2,* & *loi du premier vendémiaire an 4, art. 20.*

N A I S S A N C E S.

La naissance d'un enfant dans l'étendue d'une commune, entraîne la nécessité d'une déclaration devant le maire.

La déclaration de naissance doit être faite par le mari, s'il est présent & en état d'agir.

Au cas d'absence ou autre empêchement, ou si la femme n'a pas de mari, le soin de cette déclaration est imposé au chirurgien

ou à la sage-femme qui auront fait l'accouchement.

Si l'accouchement a lieu dans une maison publique ou dans une maison tierce,
la déclaration doit être faite par la personne
qui commande dans cette maison ou qui
en a la direction.

La déclaration doit être faite dans les
trois jours de la naissance. *Loi du* 19 *décembre* 1792, *art. premier de la section première*, (avec l'assistance de deux témoins
de l'un ou de l'autre sexe, parens ou non
parens, âgés de 21 ans). *Loi du* 20 *septembre* 1792, *tit.* 3, *art.* 1.

Il y a peine de deux mois de prison
contre ceux qui étant chargés par la loi de
faire ces déclarations, ne s'y feroient pas
conformés ; & même il y a lieu à des procédures criminelles dans le cas où le défaut
de déclaration conduiroit au soupçon de
suppression, enlèvement ou défaut de représentation de l'enfant. *Loi du* 20 *septembre* 1792, *tit.* 3, *art.* 5.

Il ne suffit pas d'une simple déclaration,
il faut encore que l'enfant soit présenté
au maire, à moins qu'il n'y ait péril imminent pour l'enfant dans ce déplacement,
auquel cas le maire sera tenu, sur la réquisition qui lui en sera faite, de se transf-

porter dans la maifon où fe trouve le nouveau né. *Même loi, titre* 3 *, art.* 6.

La déclaration doit contenir le jour, l'heure & le lieu de la naiffance, la défignation du fexe de l'enfant, le prénom qui lui fera donné, les noms & prénoms de fes père & mère, leur profeffion, leur domicile, les noms, prénoms, profeffion & domicile des témoins. *Même loi, titre* 3 *, art.* 7.

Le maire doit, de fuite, & fans interruption, dreffer acte de cette préfentation & déclaration fur le regiftre double tenu à cet effet ; cet acte doit être figné par le père ou autres perfonnes qui auront fait la déclaration, par les témoins & par le le maire ; s'il y a quelqu'un qui ne fache pas figner, il en fera fait mention. *Même loi, tit.* 3 *, art.* 8. Voyez *enfans expofés.*

Les maires trouveront à la fin du fecond volume des modèles d'actes de naiffance.

N A U F R A G E.

Sur les ports de mer, le maire eft autorifé, en l'abfence du juge de paix, à donner les ordres néceffaires pour procurer du fecours aux naufragés. *Loi du* 13 *août* 1791 *, titre* 1 *, art.* 4.

Cette autorisation s'étend de droit aux
maires des communes situées sur des fleuves & rivières.

NAVIGATION.

Il n'existe pas encore de loi générale
sur la navigation fluviale de la république.

On ne connoît que des loix & des décisions partielles ; ce qu'on en peut ex-
traire qui soit relatif aux fonctions des
maires & adjoints se réduit à ceci :

Les maires & adjoints sont responsables
des obstacles qui pourroient être apportés
à la libre navigation des rivières qui tra-
versent leurs arrondissemens , si les obstacles proviennent de leur fait.

Les parties intéressées ont droit de les
poursuivre en justice, afin de dommages
& intérêts, à la charge par lesdites parties
d'observer préalablement les formalités
réglées, *ibid.*

Les maires & adjoints des communes
riveraines du canal de Briare , Loing &
Orléans, sont chargés de veiller à l'exécution, chacun pour ce qui le concerne ,
de l'article du règlement rendu pour l'ordre de passage des bateaux dans les écluses
de ces canaux.

K 6

Suivant le règlement, les bascules chargées de poissons, ont la préférence sur tous les autres bateaux ; après elles, les bateaux chargés de fruit ; ensuite les bateaux chargés de munitions de guerre, &c. *Arrêté du directoire exécutif, du 23 frimaire, an 5.*

NOMS, PRÉNOMS ET SURNOMS.

Pendant le gouvernement révolutionnaire, plusieurs individus crurent se distinguer par leur patriotisme en quittant leurs noms pour en prendre d'autres plus significatifs & plus analogues aux circonstances politiques ; & cet échange de noms fut autorisé par un décret du 24 brumaire an 2.

Un autre décret du 6 fructidor de la même année, révoqua cette faculté, & imposa à ceux qui avoient abdiqué leurs noms, l'obligation de les reprendre. *Loi du 6 fructidor an 2, art. 1.*

La même loi défend d'ajouter aucun nom propre, à moins qu'il n'ait servi jusqu'alors à distinguer les membres d'une même famille, sans rappeler les qualifications féodales ou nobiliaires. *Même loi,*

Les maires & adjoints doivent donc faire attention dans les actes & extraits qu'ils délivreront, à ne désigner les citoyens que conformément à cette loi. Voyez *amende & destitution*.

N o y é s.

Les maires des communes situées sur les bords des fleuves & rivières, font journellement exposés à employer les fonctions de leur ministère à l'égard des noyés, pour constater leurs noms, leurs qualités, leur demeure, & remplir toutes les formalités qui font prescrites par les loix dans les cas de morts violentes. Voyez *décès*.

Mais il est un autre devoir, non moins important, qui fait partie des fonctions des maires, c'est de prévenir les dangers d'une inhumation précipitée, en ne la permettant qu'après avoir épuisé tous les moyens de rappeler à la vie l'individu qui se présente aux yeux sous l'apparence d'un noyé.

Des méprises funestes, en cette matière, ont éveillé la sollicitude du gouvernement, qui a fait passer à toutes les administrations centrales une instruction sur le traitement des noyés.

Nous mettons fous les yeux des maires une circulaire du miniftre de l'intérieur, contenant les notions les plus effentielles fur ce qui doit fe pratiquer en pareil cas.

LETTRE du miniftre de l'intérieur aux adminiftrations centrales. Du 25 nivofe an 5.

« Vous connoiffez, citoyens, l'ufage où l'on eft encore, prefque généralement, de fufpendre les noyés par les pieds, pour leur faire rendre l'eau qu'on les fuppofe avoir bue. Ce procédé dangereux fait périr tous les jours des citoyens, que des fecours, adminiftrés avec plus d'intelligence, conferveroient à la fociété. La raifon & l'humanité réclament également contre cette coutume homicide; il faut combattre toutes celles qui ont pour principes les préjugés de l'ignorance, par l'inftruction, plus encore que par l'autorité. Des accidens multipliés & des avis recens m'ont fait juger qu'il étoit important de ne pas différer d'inftruire toutes les communes de la république des inconvéniens de la méthode jufqu'ici pratiquée, & de leur indiquer en même tems les premiers fecours qu'il convient de donner aux noyés pour les préparer aux foins plus efficaces d'un traitement régulier. J'ai chargé l'école de fanté de Paris, de recueillir fur cet objet toutes les connoif-fances qui appartiennent à l'art de guérir. Mais, en attendant que ce travail foit achevé, & que je puiffe vous adreffer des inftructions plus complètes & plus détail-lées, voici les premières notions qu'il importe de répandre dans toutes les com-munes de votre reffort, avec toute la publicité néceffaire pour détruire le pré-jugé qui règne encore d'une manière fi funefte.

» Il eft prouvé, felon le témoignage motivé de l'école de fanté, que les noyés ont rarement de l'eau dans l'eftomac, & que s'il en exifte, elle ne peut caufer la mort, & doit être comptée pour rien.

» C'eft le défaut de refpiration, une petite quantité d'eau introduite dans les poumons, & le fang retenu à la tête, qui les font périr fuffoqués & dans un état d'apoplexie. Rien n'eft donc plus contraire à la raifon que d'employer, pour les fe-courir, un moyen qui n'eft propre qu'à caufer la fuffocation & l'apoplexie, & qui fuffiroit feul pour faire périr un homme en fanté. Les premiers fecours qu'il faut adminiftrer aux noyés, en attendant ceux de la médecine, c'eft, après les avoir entièrement retirés de l'eau, de les porter doucement dans un endroit fec & chaud, de les dépouiller de leurs vêtemens, s'ils font habillés, de les tenir fur un des côtés, la tête élevée, leur frotter le corps avec des étoffes chaudes, principalement de laine, & de les envelopper de ces mêmes étoffes, de leur placer fous le nez des liqueurs ou des fels d'une odeur forte & pénétrante, s'il s'en trouve à leur portée, leur en introduire dans les narines, ou au moins les irriter, ainfi que la gorge, avec une barbe de plume, ou tout autre corps qui puiffe produire le même effet, dans l'intention de procurer une fecouffe favorable par l'éternuement ou le vomiffement; de leur infpirer de l'air par la bouche, en leur tenant les narines ferrées; enfin, auffi-tôt que le malade pourra avaler, de lui faire prendre quelques cuillerées de liqueurs fpiritueufes, comme eau-de-vie, eau de méliffe, ou telle autre qu'on pourra fe procurer.

Ces moyens fimples & faciles, mais pratiqués avec ordre & attention, & continués avec constance, fuffifent quelquefois pour rappeler un noyé des portes de la mort; au moins, fi la vie n'eft pas entièrement éteinte, ils donnent le tems à l'officier de fanté d'arriver & d'employer des moyens plus efficaces.

» Un autre ufage non moins funefte, & qu'il n'eft pas moins preffant de réformer, c'eft celui où l'on eft d'attendre, pour adminiftrer des fecours à un noyé, que les officiers de police aient dreffé procès-verbal de fon état. Avertiffez bien vos adminiftrés, que c'eft le devoir de tout citoyen qui a le bonheur de fauver un noyé, ou qui eft le témoin de cet acte d'humanité, d'appeler fur-le-champ les officiers de fanté pour le fecourir. Il eft toujours tems de conftater la mort d'un homme; mais on n'a fouvent qu'un inftant pour lui fauver la vie.

» Voilà, citoyens, les premières inftructions que j'ai cru devoir vous adreffer, & les préjugés contre lefquels vous devez vous élever avec toute la force de la raifon & même de l'autorité. J'aurai foin de vous communiquer toutes les nouvelles lumières que les progrès de la fcience & les travaux de l'école de fanté pourront ajouter aux connoiffances déjà acquifes fur cet objet. Je m'occuperai, en même tems, de la reftauration des établiffemens à l'ufage des noyés, dont

l'utilité fera reconnue , ainfi que de tous
les réglemens néceffaires pour en affurer
le fervice , & fur-tout je ne manquerai
pas de provoquer les regards & les ré-
compenfes honorables du gouvernement ,
fur tous les actes de dévouement civique
que le noble defir de fauver la vie à un
citoyen aura infpirés ».

Salut & fraternité.

OBÉISSANCE A LA LOI.

C'eft le cri que le maire doit faire entendre à haute voix, dans les cas d'attroupement féditieux. *Loi du 28 germinal an* 6.
art. 232.

Ce cri doit être réitéré trois fois , accompagné de la formule de fommation
prefcrite par le même article.

Après cette triple répétition , fi la réfif-
tance continue , & fi les perfonnes attroupées ne fe retirent pas paifiblement , la
force des armes fera à l'inftant déployée
contre les féditieux , fans aucune refponfabilité des évenemens. *Même art.* Voyez
attroupement , main-forte.

OUVRAGES D'OR OU D'ARGENT.

Les marchands d'ouvrages d'or ou d'argent, ambulans, ou venant s'établir dans une foire, sont tenus, à leur arrivée dans une commune, au-dessus de 5000 habitans, de se présenter au maire de cette commune, & de lui montrer les bordereaux des orfèvres, qui leur auront vendu les ouvrages d'or & d'argent dont ils sont porteurs. *Loi du 19 brumaire an 6, art. 92.*

Le maire doit alors faire examiner les marques de ces ouvrages, par des orfèvres, ou à défaut, par des personnes connoissant les marques & poinçons, afin d'en constater la légitimité. *Même loi, art. 93.*

Dans le cas où le marchand n'auroit pas fait sa déclaration, ou si après sa déclaration faite, les ouvrages ne se trouvercient pas accompagnés de bordereaux, ou ne feroient pas marqués du poinçon de vieux ou de récense, ou bien où ces marques paroîtroient contrefaites, le maire est tenu de dresser un procès-verbal de saisie des ouvrages dont il s'agit, & de les envoyer au tribunal de police correctionnelle du canton. *Même loi, art. 94.*

Ouvriers. (*Voyez coalition*).

Les ouvriers d'une commune peuvent être appelés par le maire, pour faciliter le transport & l'enfouissement d'une bête à cornes, mortes d'une maladie contagieuse, sous peine de 50 francs d'amende contre les refusans. *Arrêté du directoire exécutif, du 27 messidor an 5. Voyez animaux malades, enfouissement, épizootie.*

Passe-ports (*Voyez gens sans aveu*).

Voici quel est l'état actuel de cette législation sur les passe-ports.

Jusqu'à ce qu'il en ait été autrement ordonné, nul individu ne pourra quitter le territoire de son canton, ni voyager, sans être muni & porteur d'un passe-port, signé par les maires ou préfets de police. *Loi du 10 vendémiaire an 4, tit. 3, art. 1.*

Tout individu voyageant, & trouvé hors de son canton sans passe-port, sera mis sur-le-champ en arrestation, & détenu jusqu'à ce qu'il ait justifié être inscrit sur le tableau de la commune de son domicile. *Même tit., art. 6.*

Le maire est chargé de veiller à ce que nul individu, non domicilié dans le canton,

ne puisse s'y introduire sans passe-port.
*Arrêté du directoire exécutif, du 2 germinal
an 4.*

Il est tenu de faire arrêter sur-le-champ,
tout individu voyageant & trouvé hors
de son canton, sans passe-port, jusqu'à ce
qu'il ait justifié être inscrit sur le tableau
de la commune de son domicile : & si
l'individu arrêté ne justifie pas de cette
inscription, dans le délai de deux décades,
il sera, aux termes de l'art. 7, du tit. 3,
de la loi du 10 vendémiaire an 4, réputé
vagabond & sans aveu, & traduit, comme
tel, devant les tribunaux compétens.
*Arrêté du directoire exécutif, du 2 germinal
an 4.*

Dans les lieux où les passages de rivières
ou canaux navigables sont autorisés de
nuit, les veilleurs aux quarts doivent
exiger des voyageurs autres que les domiciliés, la représentation de leurs passe-
ports, qui seront visés par le maire ou
l'adjoint des lieux. *Loi du 6 frimaire an 6.*
Voyez *bacs.*

Les maires ne doivent donner de passe-
ports qu'aux citoyens qu'ils connoissent
personnellemeut ou sur l'attestation de
deux citoyens counus, & dont les noms
seront désignés dans le passe-ports, qu'ils
seront tenus de signer, s'ils savent signer.

Il y a peine de deſtitution & d'empriſonnement contre les fonctionnaires publics qui contreviendroient à cette obligation. *Loi du 17 v.ntoſe an 4, art. 1 & 2.*
Voyez *logeurs.*

PATENTES.

Ceux qui ſont aſſujétis au droit de patentes, doivent les prendre dans les trois
premiers mois de l'année, pour l'année
entière, ſans qu'elles puiſſent être bornées
à une partie de l'année.

Néanmoins ceux qui entreprendront un
commerce ou une profeſſion ſuſceptible
de patente, dans le courant de l'année,
ne paieront le droit qu'au prorata de ce
qui reſte à expirer de l'année, laquelle
ſera conſentie par trimeſtre, ſans qu'un
trimeſtre puiſſe être diviſé. Or, aucune
patente ne ſera délivrée au prorata que
ſur le rapport du maire. *Art. 4 de la loi
du premier brumaire an 7.*

Dans le mois de la publication de la loi
du premier brumaire dernier, les agens
de chaque commune ont dû dreſſer un
tableau de tous ceux qui exercent les
commerces induſtriels, métiers ou pro-
feſſions déſignés par le tarif, par colonnes,
contenant les noms, demeures, profeſ-

sions, & le montant de leurs loyers, avec une cinquième colonne en blanc, & qui est destinée à indiquer la taxe de la patente. Ce tableau a dû être remis dans le cours du même mois au commissaire du directoire exécutif près l'administration municipale *Art.* 10.

Les patentes sont délivrées par le maire; visées par le sous-préfet.

Quiconque expose des marchandises en vente, dans quelque lieu que ce soit, est tenu d'exhiber sa patente toutes les fois qu'il en est requis par le maire ou l'adjoint du lieu. *Ibid, art.* 37.

Si celui qui n'a pas de patente, ou qui ne la représente pas, est surpris vendant hors de son domicile, les objets exposés en vente doivent être saisis & séquestrés par le maire ou l'adjoint, aux frais du vendeur, jusqu'à la représentation d'une patente convenable.

Mais s'il vend à son domicile, il n'y a plus lieu à la saisie ou au séquestre. Le maire ou l'adjoint doivent se borner à un procès-verbal, qui sera envoyé au sous-préfet, qui poursuivra le contrevenant conformément à la loi. *Art.* 38.

Un dixième du produit net du droit de patentes est abandonné aux communes, pour contribuer aux dépenses locales. *Ibid, art.* 41.

PÊCHE.

Depuis la révolution, la pêche a été déclarée libre, dans toutes les rivières navigables & flottables ; mais l'exercice du droit de pêche n'entraîne pas l'abrogation des règles établies par les anciennes loix, pour la conservation des différentes sortes de poissons, & pour le maintien de l'ordre public, & le respect dû aux propriétés.

Ces règles sont réunies dans l'ordonnance des eaux & forêts (tit. 31) qui a été confirmée par l'art. 609 du code des délits & des peines, du 3 brumaire an 4.

PERCEPTEURS.

Il n'y a dans une commune qu'un seul & même percepteur pour la contribution foncière & la contribution personnelle, mobiliaires & somptuaire. *Loi du 3 frimaire an 7, art.* 124 *&* 126.

La perception s'obtient par la voie de l'adjudication au rabais. *Ibid. art.* 131.

Cette adjudication doit être précédée d'affiches apposées par les soins du maire,
&

& dix jours d'avance dans chaque commune qui fait partie de la perception. *Ibid. art.* 128 & 133.

La perception ne peut, dans aucun cas, être adjugée à un taux supérieur à cinq centimes par franc des contributions. *Ibid. art.* 135.

Dans le cas où il ne se présenteroit pas d'adjudicataires, le maire est autorisé à nommer d'office un percepteur, choisi parmi les habitans de la commune, pourvu qu'il ne soit pas un des membres de l'administration municipale. *Ibid. art.* 136.

Mais en cas de nomination d'office, aucun citoyen ne peut être percepteur des contributions de plus d'une commune. *Ibid. art.* 137.

Cette nomination d'office ne peut avoir lieu sur la même indication plus d'une fois dans l'espace de vingt ans, à moins qu'il n'y consente. *Ibid. art.* 138.

La nomination d'office ne peut point frapper sur un citoyen âgé de plus de soixante ans accomplis, si ce n'est de son consentement. *Art.* 139.

Si le percepteur vient à décéder dans l'année de sa recette, il est procédé à son remplacement par la voie de l'adjudication, à moins que ses héritiers ou sa veuve

(à défaut d'héritiers), ne déclarent qu'ils entendent continuer la perception.

Cette déclaration doit être faite dans les six jours du décès, au secrétariat de l'administration municipale. *Art.* 151.

Quant au droit d'inspection & de surveillance que les maires & adjoints peuvent exercer sur les percepteurs, voyez *contribution foncière*.

Le percepteur de la contribution foncière, personnelle, mobiliaire & somptuaire, est percepteur du droit de la taxe sur les portes & fenêtres.

Il a pour ses taxations le quart de ce qui lui est accordé pour les contributions foncière & personnelle de l'an 7.

Lettre du ministre des finances du 12 frimaire an 7, p. 110. Voyez *portes & fenêtres.*

P I L L A G E.

C'est ordinairement dans les tems de famine réelle ou factice, que le pillage s'exerce sur les grains, denrées & subsistances.

C'est donc alors aussi, que le maire est obligé de déployer les moyens que la loi a remis entre ses mains, comme autant d'instrumens de sûreté publique.

Diverses époques de la révolution ont donné lieu à l'application de ces mesures, dont il est nécessaire que les maires soient parfaitement instruits, afin d'avoir un guide assuré dans des occasions aussi critiques.

Quand, dans une commune, les préliminaires & les apparences d'un pillage commencent à se manifester, le maire doit prendre aussitôt les moyens capables de prévenir le désordre, sous peine d'être lui-même responsable envers les propriétaires, des objets pillés. *Loi du 16 prairial an 3, art. 1.*

Lorsqu'il y a eu, sur une commune, un pillage commis envers un ou plusieurs particuliers le maire est tenu de le faire constater sommairement dans les vingt-quatre heures, & d'en adresser procès-verbal, sous trois jours au plus tard, au commissaire du gouvernement près le tribunal civil du département. *Loi du 10 vendémiaire an 4, tit. 5, art. 2.*

Pendant le pillage, le maire doit s'environner de tous les moyens de force que la loi indique, pour dissiper les pillards, c'est-à-dire, appeler la force armée, l'assistance des bons citoyens ; il doit, aussitôt prendre un arrêté pour autoriser l'emploi des armes ; se mettre en évidence auprès

du commandant de la force armée ; prononcer à haute voix *le cri d'allarme*, & les
trois fommations , dont la formule eft
indiquée dans l'art. 232 de la loi du 28
germinal an 6. Voyez *attroupemens , gendarmerie nationale , main-forte.*

POIDS ET MESURES.

Le maire eft obligé d'aller fréquemment
faire vifite dans les boutiques, foires &
marchés , pour vérifier la fidelité des poids
& mefures.

Cette infpection, qui eft un des premiers
devoirs d'un commiffaire de police, devient d'une plus ftricte obligation, depuis
la réforme des poids & mefures.

Les maires font fpécialement chargés,
par la loi, de veiller à ce qu'il n'en foit
pas employé d'autres. *Loi du premier vendémiaire an 4, art. 11.* Voyez *mefures républicaines.*

POLICE.

Il y a deux efpèces de police.
La police adminiftrative.
Et la police judiciaire.
L'une & l'autre font du reffort des
maires.

De la police administrative.

Art. Ier. Dans les villes, bourgs & autres lieux, dont la population est de cinq mille à 10 mille habitans, la police administrative est confiée à des commissaires de police, qui sont nommés par les consuls, & destituables par eux. *Loi du 28 pluviose an 8.*

Mais pour les communes dont la population est inférieure à cinq mille habitans, le soin de la police administrative appartient aux maires.

On entend par police administrative, celle qui a pour objet « de maintenir ha-
» bituellement l'ordre public, dans chaque
» lieu & dans chaque partie de l'adminis-
» tration principale ; elle tend particulière-
» ment à prévenir les délits ». *Loi du 3 brumaire an 4, art. 19.*

Ainsi, quand le maire visite les marchés, pour s'assurer de la salubrité des comestibles ; quand il reçoit la déclaration des naissances, quand il prononce le divorce, quand il fait une proclamation, quand il assiste à une inhumation, &c. ce sont là autant d'actes de police administrative ; parce qu'ils ont pour objet le maintien habituel de l'ordre public, sans inculper aucun individu, fans l'intervention d'aucun délit, & fans entraîner l'expectative d'une condamnation contre qui que ce foit.

Mais auffitôt qu'il y a contravention & délit, alors commence l'exercice de la police judiciaire.

De la police judiciaire.

« La police judiciaire recherche les » délits que la police adminiftrative n'a » pu empêcher de commettre, en raffem- » ble les preuves, & en livre les auteurs » aux tribunaux chargés par la loi de les. » punir ». *Loi du 3 brumaire an 4, art. 20.*

L'exercice de cette police judiciaire eft auffi attribué, pour certains cas, aux com- miffaires de police, & par conféquent, aux maires qui font appelés à remplir les fonctions de commiffaire de police.

« Les commiffaires de police, outre les » fonctions qui leur font attribuées dans » la police adminiftrative, exercent la po- » lice judiciaire, relativement à tous les » délits commis dans leurs arrondiffemens » refpectifs, dont la peine n'excède pas » une amende égale à la valeur de trois » journées de travail, ou trois jours d'em- » prifonnement ». *Loi du 3 brumaire an 4, art. 28.*

C'eft-à-dire, qu'ils n'exercent la police
judiciaire que pour les délits qui font de
la compétence du tribunal de police municipale.

Néanmoins, plufieurs loix poftérieures
à celles du 3 brumaire an 4, ont donné
aux maires plus de latitude fur l'exercice
de la police judiciaire, en les faifant entrer, fur certains points, en concurrence
avec les juge-de-paix.

§. Ier.

*Des délits & contraventions dont le renvoi
doit être fait au tribunal de police municipale par le maire, faifant fonction d'officier de police judiciaire.*

Le maire doit aller à la recherche des
délits & contraventions de police municipale, recevoir les rapports, dénonciations & plaintes qui y font relatives,
dreffer des procès-verbaux indicatifs de
leur nature, de leurs circonftances, du
temps, du lieu où ils ont été commis,
des perfonnes qui s'en font rendues coupables, recueillir les preuves & indices
qui exiftent contre les prévenus, & les
dénoncer au fous-prefet, lequel traduit

enfuite les prévenus au tribunal de police
municipale. *Loi du 3 brumaire an 4 , art. 25.*

Le tout dans les cas fuivans :

1. Contre ceux qui négligent d'éclairer
ou nettoyer les rues, devant leurs maifons,
dans les lieux où ce foin eft à la charge
des habitans.

2. Contre ceux qui embarraffent ou
dégradent la voie publique.

3. Contre ceux qui contreviennent à la
défenfe de rien expofer fur leurs fenêtres
ou au-devant de leur maifon , fur la voie
publique, de rien jetter qui puiffe nuire
ou endommager par fa chûte , ou caufer
des exhalaifons dangereufes.

4. Contre ceux qui laiffent divaguer des
infenfés ou des furieux , ou des animaux
malfaifans ou féroces.

5. Contre ceux qui expofent en vente
des comeftibles gâtés ou corrompus , &
nuifibles.

6. Les auteurs d'injures verbales dont
il n'y a pas de pourfuites par la voie criminelle.

7. Les auteurs de rixes , attroupemens
injurieux ou nocturnes , voies de fait &
violences légères , pourvu qu'ils n'aient
bleffé ni frappé perfonne , & qu'ils ne

foient pas notés comme gens fans aveu
(auquel cas il y auroit lieu à l'exercice
de la police judiciaire). *Loi du 3 brumaire
an* 4 , *art.* 60.

Le maire doit encore étendre fon infpection sur les cas fuivans , qui font dé-
féés aux commiffaires de police, aux
termes du code rural.

8. Le délabrement des fours & cheminées , lorfqu'il eft tel qu'il pourroit occa-
fionner un incende ou autres accidens.
Loi du 6 octobre 1791, *titre* 2 , *art.* 9.

9. Feux allumés dans les champs plus
près que de 50 toifes des maifons, bois,
bruyères , vergers, haies , meules de
grains, de paille ou de foin. *Même titre*,
art. 10.

10. Achats dans les foires & marchés ,
de beftiaux volés. *Même titre , art.* 11.

11. Dégâts que les beftiaux laiffés à
l'abandon feroient fur les propriétés d'autrui, foit dans les champs ouverts, foit
dans un enclos rural, foit dans l'enceinte
des habitations; *art.* 12.

12. Négligence d'enfouir , à quatre
pieds de profondeur, les beftiaux morts;
art. 12.

13. Deftruction des greffes des arbres

fruitiers ou autres ; dégradation ou coupe des arbres sur pied , appartenant à autrui ; *art.* 14.

14. Inondation de l'héritage voisin , en lui transmettant les eaux d'une manière nuisible ; *art.* 15.

15. Dommages que peuvent causer aux chemins & propriétés voisines les eaux des moulins ou autres usines , par la trop grande élévation du déversoir ou autrement ; *art.* 16.

16. Encombrement des fossés , dégradations des clôtures, coupes de branches de haies vives , enlèvement de bois secs des haies ; *art.* 17.

17. Divagation des chèvres sur l'héritage d'autrui , dans les lieux qui ne sont sujets ni au parcours, ni à la vaine pâture ; *art.* 18.

Et dans le pays de parcours ou de vaine pâture , négligence d'attacher des animaux de cette espèce. *Même art.*

18. Dommages faits par les bestiaux aux arbres fruitiers , aux haies, vignes & jardins. *Même art.*

19. Coalition des propriétaires ou fermiers, pour faire baisser ou fixer à vil prix la journée des ouvriers ou les gages des domestiques ; *art.* 19.

20. Pareille coalition des domestiques, ouvriers & moissonneurs, pour faire hausser les gages & salaires; *art.* 20.

21. Dans les lieux où l'usage de glaner, de rateller & de grapiller est reçu, l'entrée dans les champs, prés & vignes récoltés & ouverts avant l'entier enlèvement des fruits ; *art.* 21.

22. Le glanage, le ratellage & le grapillage dans tout enclos rural, entouré d'un mur de quatre pieds, avec barrière ou porte, ou fermé de palissades, treillage, haie vive, haie sèche, ou enfin d'un fossé de quatre pieds de large & deux pieds de profondeur. *Même loi, art. 6 de la quatrième section du premier tit., & art 21 du tit. 2.*

23. Introduction des troupeaux dans les champs moissonnés & ouverts avant l'expiration de deux jours qui ont suivi la récolte entière. *Même tit. art.* 22.

24. Communication d'un troupeau atteint de maladies contagieuses ; *art.* 23.

25. Introduction de bestiaux sur le terrein d'autrui, dans les prairies artificielles, dans les vignes, oseraies, plans de capriers, ceux d'oliviers, de mûriers, de grenadiers, d'orangers & arbres du même genre ; dans tous les plans & pépinières

d'arbres fruitiers & autres, faits de main d'homme. *Art.* 24.

26. Paſſage des beſtiaux revenant des foires, ſur les terres des particuliers ou ſur les communaux.

27. Aſſiſtance à l'entrée des beſtiaux dans les récoltes d'autrui. *Art.* 26.

28. Entrée à cheval dans les champs enſemencés. *Art.* 27.

29. Coupe ou deſtruction avant maturité, de petites parties de bled en verd, ou d'autres productions de la terre, ſans intention manifeſte de les voler. *Art.* 28.

30. Dévaſtation de récoltes ſur pied, ou abattis de plants venus naturellement, ou faits de main d'homme. *Art.* 29.

31. Meurtre ou maltraitement de beſtiaux, ou de chiens de garde. *Art.* 30.

32. Rupture ou deſtruction d'inſtrumens pour l'exploitation. *Art.* 31.

33. Déplacement ou ſuppreſſion de bornes ou pieds cormiers, ou tous autres arbres plantés ou reconnus pour ſervir de limites. *Art.* 32.

34. Enlèvement de fumiers, de marne, ou autres engrais. *Art.* 33.

35. Maraudage, larcin des productions de la terre. *Art.* 34.

36. Vol de récoltes, avec paniers ou sacs, ou à l'aide d'animaux de charge. *Art.* 35.

37. Enlèvement de bois fait à dos d'homme, ou à charge de bête de somme. *Art.* 36.

38. Dégâts faits dans les taillis des particuliers ou des communes, par des bestiaux ou des troupeaux. *Art.* 37.

39. Dévastation des bois, des récoltes. *Art.* 39.

40. Dégradation ou détérioration des chemins publics, usurpation sur leur largeur, & rupture des clôtures champêtres. *Art.* 40 & 41.

41. Accidens & dommages causés sur les chemins, par la trop grande rapidité des voitures ou chevaux. *Art.* 42.

42. Coupe ou détérioration des arbres plantés sur la route. *Art.* 43.

43. Enlèvement de gazons, terres & pierres des chemins publics. *Art.* 44.

Le maire est encore chargé (concurremment avec les gardes forestiers & champêtres) de rechercher les délits relatifs aux bois & productions de la terre. *Loi du 3 brumaire an 4, art. 29.*

Pour tous les délits ci-dessus énoncés,

le maire renvoie fon procès-verbal au fous-préfet , qui les traduit au tribunal de police municipale.

§. I I.

Des cas dont le renvoi doit être fait au juge de paix , par le maire exerçant les fonctions d'officier de police judiciaire.

Dans les cas de délits qui excèdent la compétence du tribunal de police municipale , & lorfqu'il n'y a pas de juge de paix fur les lieux, le maire le remplace pour les préliminaires de la procédure.

Il doit conftater le délit par un procès-verbal, faire faifir les prévenus pris en flagrant délit, ou pourfuivis à la clameur publique, & renvoyer les pièces, (& les perfonnes conftituées en état d'arreftation) devant le juge de paix du canton, pour continuer l'inftruction. *Loi du 3 brumaire an 4, art. 36.*

§. I I I.

Des cas dont le renvoi peut être fait au directeur du jury , par le maire exerçant les fonctions d'officier de police judiciaire.

Lorfqu'il n'y a fur les lieux, ni juge de paix , ni directeur du jury, le maire , en fa qualité d'officier de police judiciaire, peut renvoyer au directeur du jury d'accusa-tion les cas suivans :

« 1. Les attentats contre la liberté » ou sûreté individuelle des citoyens.

» 2. Ceux commis contre le droit des » gens.

» 3. La rebellion à l'exécution, soit des » jugemens, soit de tous les actes exécu-» toires, émanés des autorités constituées.

» 4. Des troubles occasionnés par des » voies de fait, commises pour entraver » la perception des contributions, la libre » circulation des subsistances & autres » objets de commerce. *Loi du 3 brumaire,* » *art.* 140.

» 5. Les négligences, abus & malver-» sations des gardes champêtres & fores-» tiers. *Même loi, art* 47.

» 6. L'évasion des prisonniers. » Voyez *évasion.*

Bien entendu que le renvoi fait au di-recteur du jury, doit être précédé des procès-verbaux, perquisitions & arresta-tions qui sont autorisées par les loix.

C'est ensuite au directeur du jury à con-tinuer l'instruction, conformément à la faculté qui lui en est accordée par l'art. 140 de la loi du 3 brumaire an 4. V. *arrestation, délits, fausse monnoie, mandats d'amener.*

P O R T E S E T F E N Ê T R E S.

Il a été établi, pour l'an 7, une contribution sur les portes et fenêtres. *Loi du 4 frimaire an 7.*

Les droits de cette contribution ont été doublés trois mois après. *Loi du 28 ventose an 7.*

Le recensement des portes et fenêtres, est du ressort des maires et adjoints. Il est donc nécessaire qu'ils connoissent les dispositions de cette loi. *Lois des 4 frimaire et 18 ventose an 7.*

P O S T E A U X C H E V A U X.

La loi du 19 frimaire an 7, a maintenu l'établissement de la poste aux chevaux, et organisé son régime.

Il est défendu à tout postillon d'exiger ou de recevoir aucune somme offerte au-delà des guides fixés par la loi, d'insulter les voyageurs, ou de leur donner aucun sujet de plaintes, sous peine, en cas de récidive, de destitution, sans préjudice des peines qui pourront leur être infligées par les tribunaux. *Art.* 23.

Pour constater la contravention à cet

article,. chaque maître de poste doit tenir un registre coté et paraphé par le sous-préfet et par le maire de la commune de la situation des relais.

Les inspecteurs arrêteront et releveront le registre, et en feront leur rapport à l'administration. *Id. art.* 24.

Nous ne voyons pas reparoître dans cette loi nouvelle les dispositions qui étoient contenues aux articles 3, 4 et 5 de la loi du 6 nivose an 4, et qui autorisoient le maire ou l'adjoint à prononcer la détention d'un jour ou de trois jours contre le postillon qui auroit refusé de marcher, ou exigé du voyageur quelque somme au-delà du tarif, et même à prononcer une amende contre le maître de poste qui seroit en contravention à l'art. 3.

Il en faut conclure que les maires et adjoints sont aujourd'hui dépouillés de cette attribution, et c'est un avis salutaire que nous leur donnons ici, pour qu'ils ne s'exposent pas sur la foi de la loi du 6 nivose an 4, à une fausse démarche, qui seroit considérée comme un abus d'autorité et une usurpation de pouvoir. *Loi du 16 frimaire an 7, art.* 23 *et suivans.*

POUDRE DE GUERRE.

Les poudres ne peuvent être fabriquées que pour le compte du gouvernement, et sous la surveillance d'une administration particulière, d'après le dosage des matières et les procédés de fabrication indiqués par le directoire exécutif, sous peine de 3,000 francs d'amende, et de confiscation des matières et ustensiles. *Loi du* 15 *fructidor an* 5, *art.* 16, 24 *et* 27.

Les ouvriers employés à une fabrication illicite, encourent la peine d'une détention de trois mois pour la première fois, et d'un an en cas de récidive. *Même loi, art.* 27.

Il est défendu à qui que ce soit, d'introduire dans la république aucunes poudres étrangères, sous peine de confiscation de la poudre, des chevaux et voitures, et d'une amende de 20 francs 44 centimes par kilogramme de poudre, ou 10 francs par livre. *Ib. art.* 21.

Il est défendu d'avoir chez soi au-delà de la quantité de cinq kilogrammes de poudre, (environ 10 livres un quart),

art. 24, sous peine de 100 francs d'a-mende. *Art.* 38.

Personne ne peut débiter de la poudre sans une commission spéciale de l'administration nationale des poudres. *Ibid, art.* 28 et 37.

La surveillance de ces dispositions est du ressort du maire, et lorsqu'il a connoissance d'une contravention, il doit procéder à une visite domiciliaire, conjointement avec son adjoint, tous deux assistés de deux citoyens du voisinage. *Ibid, art.* 25 et 26.

P R I S O N S.

Le maire doit veiller à ce que la nourriture des détenus soit suffisante et saine, et s'il s'apperçoit de quelque tort à cet égard, contre la justice et l'humanité, il est tenu d'y pourvoir par lui-même; alors il a droit de condamner le geolier à l'amende, même de demander sa destitution au département, sans préjudice de la poursuite criminelle contre lui, s'il y a lieu. *Loi du 3 brumaire an 4, art.* 578.

QUALIFICATIONS.

Les maires et adjoints doivent se donner de garde, dans leurs actes, extraits, procès-verbaux, de désigner aucun citoyen sous des qualifications qui rappellent le s stême féodal ou nobiliaire. *Loi du 6 fructidor an 2, art. 2.* Voyez *actes, destitution.*

RASSEMBLEMENT.

Les particuliers peuvent se livrer, dans leurs maisons, à l'exercice d'un culte, pourvu qu'il n'y ait pas un rassemblement de plus de dix personnes, sans y comprendre celles de la maison. *Loi du 7 vendémiaire an 4, art. 16.* Voy. *attroupemens, foires et marchés.*

RECETTE COMMUNALE.

La recette communale se compose des objets suivans :

Du produit des biens communaux, susceptibles de location ;

De celui des bois communaux qui, ne faisant pas partie de l'affouage, distribué en nature, est susceptible d'être vendu ;

De la location des places dans les halles, marchés et chantiers sur les rivières, les ports et les promenades publiques. Lorsque l'administration municipale a reconnu que cette location peut avoir lieu sans gêner la voie publique, la navigation, la circulation et la liberté du commerce.

Et enfin, de la quantité de centimes additionnels aux contributions foncière et personnelle, nécessaires pour compléter les fonds des dépenses communales, en observant que ces centimes additionnels ne peuvent, dans aucun cas, excéder le *maximum* qui est déterminé chaque année après la fixation de l'une et l'autre contribution. *Loi du* 11 *frimaire an* 7, *art.* 7.

Tous les ans, l'état par apperçu de ces recettes, doit être envoyé par l'administration municipale, à l'administration centrale. *Ibid, art.* 18.

Réduction de contributions et taxes.

Nous ne croyons pas mieux faire, pour le développement de cet article, que de donner le texte précis de l'arrêté des consuls, du 24 floréal an 8, sur les réclamations en matière de contributions.

Du 24 floréal an 8 de la république française, une et indivisible.

Les consuls de la république, sur le rapport du ministre des finances, le conseil d'état entendu;

Vu la loi du 2 messidor an 7, relative aux réclamations en matière de contribution foncière,

La loi du 3 nivose an 7, relative aux réclamations sur les contributions personnelle, mobiliaire et somptuaire,

La loi du 28 p'uviose an 8, concernant la nouvelle organisation administrative,

La loi du 3 frimaire an 8, qui a établi les directions de contributions directes,

Considérant que tous les rôles de l'an 8 étant en recouvrement, il est urgent de donner aux contribuables surtaxés, ou taxés mal-à propos, les moyens d'obtenir une justice prompte et facile, et qu'il suffit, à cet effet, d'adopter les principes posés dans les loix des 2 messaidor et 3

nivose an 7, aux formes nécessitées par l'établissement des préfectures et des directions,

Arrêtent les dispositions suivantes :

TITRE PREMIER.

DÉCHARGES ET RÉDUCTIONS.

Contribution foncière.

Art. Ier. Tout citoyen imposé, dans une commune, pour un bien situé dans une autre, remettra sa pétition au sous-préfet, qui la renverra au contrôleur de l'arrondissement, lequel vérifiera le fait et donnera son avis.

Le sous-préfet, après avoir donné aussi son avis, fera passer les pièces au préfet, qui les communiquera au directeur des contributions. Celui-ci remettra son avis au préfet ; et le conseil de préfecture prononcera, s'il y a lieu, la décharge, dont le montant sera réimposé sur toutes les autres propriétés de la commune où le réclamant aura été mal-à-propos imposé.

II. Lorsqu'une propriété aura été cotisée sous un autre nom que celui du véritable propriétaire, les mêmes formes seront observées, et le conseil de préfecture statuera sur la mutation de cote.

III. Lorsqu'un contribuable se croira taxé dans une proportion plus forte qu'un ou plusieurs autres propriétaires de la commune où sont situés ses biens, il se pourvoira devant le sous-préfet de l'arrondissement ; il joindra à sa réclamation une déclaration de ses propriétés et de leurs revenus.

IV. Le sous-préfet enverra la réclamation au contrôleur : ce dernier prendra l'avis des répartiteurs de la commune, lesquels le donneront dans la décade. S'ils conviennent de la justice de la réclamation, il en dressera un procès-verbal, qu'il fera passer au sous-préfet : celui-ci, après avoir donné son avis, enverra le tout au préfet, qui prendra l'avis du directeur, et le conseil de préfecture prononcera la réduction de la cote. Le montant de la réduction sera réimposé sur les autres propriétaires.

V. Si les répartiteurs ne conviennent pas de la surtaxe, deux experts seront nommés, l'un par le sous-préfet, et l'autre par le réclamant. Les experts se rendront sur les lieux avec le contrôleur, et en présence de deux répartiteurs et du réclamant ou de son fondé de pouvoir ; ils vérifieront les revenus, objets de la cote du réclamant, et des autres cotes prises ou indiquées par le réclamant, pour comparaison dans le rôle de la contribution foncière de la même commune.

VI. Le contrôleur rédigera un procès-verbal des dires des experts, et y joindra son avis.

Le sous-préfet, après avoir donné lui-même son avis, enverra le tout au préfet.

S'il en résulte que les cotes prises pour comparaison sont dans une proportion plus foible que celle du réclamant, le conseil de préfecture, toujours sur l'avis du directeur des contributions, prononcera la réduction, à raison du taux commun des autres cotes.

Le montant de cette réduction sera réimposé sur les autres contribuables de la commune.

Contribution

Contribution personnelle.

VII. Tout citoyen qui aura été taxé à la contribution personnelle dans une commune où il n'a point de domicile, se pourvoira devant le sous-préfet. La marche réglée par l'article I.er, sera suivie ; et sur l'avis du directeur des contributions, le conseil de préfecture prononcera la décharge, dont le montant sera réimposé sur tous les autres habitans.

VIII. Lorsqu'un citoyen se croira surtaxé à raison de ses facultés, il se pourvoira devant le sous-préfet ; il joindra à sa réclamation, une déclaration de ses facultés.

IX. La marche tracée ci-dessus pour la contribution foncière, sera également suivie dans l'instruction de l'affaire ; et si les répartiteurs de la commune conviennent de la justice de la réclamation, le conseil de préfecture prononcera la réduction de la cote, dont le montant sera réimposé sur les autres contribuables de la commune.

X. Si les répartiteurs ne conviennent pas de la surtaxe, le sous-préfet nommera deux commissaires qui se rendront sur les lieux avec le contrôleur de l'arrondissement, et, en présence de deux répartiteurs et du réclamant, ou de son fondé de pouvoir, ils vérifieront les faits, s'il s'agit d'objets compris mal-à-propos dans les facultés du réclamant.

XI. Si le contribuable ne conteste pas le objets compris dans l'évaluation de ses facultés mais qu'il croie cette évaluation trop forte, com

M

parativement à celles des autres contribuables, le contrôleur et les deux commissaires vérifieront les évaluations servant de base à la cote du réclamant, et celles des autres cotes prises ou indiquées par celui-ci pour comparaison dans le rôle de la contribution personnelle de la même année.

XII. Le contrôleur rédigera son procès-verbal et le remettra au sous-préfet, qui le fera passer avec son avis au préfet. S'il en résulte qu'il y a surtaxe, le conseil de préfecture, sur l'avis du directeur des contributions, prononcera la réduction, dont le montant sera réimposé sur les autres habitans de la commune.

Dispositions générales.

XIII. La réduction d'une cote en principal, entraînera toujours la réduction proportionnelle des centimes additionnels.

XIV. Le montant de toutes les ordonnances de décharge ou de réduction sera réimposé au profit de ceux qui les auront obtenues, par addition au rôle de l'année suivante.

XV. A cet effet, le directeur des contributions tiendra registre de toutes les décharges ou réductions prononcées, pour que, chaque année, le préfet du département indique aux communes la somme que chacune d'elles aura à réimposer.

XVI. Le percepteur remboursera, sur les deniers de la recette, les contribuables au profit de qui ces réimpositions auront été faites, en commençant par les ordonnances les plus anciennes en date.

XVII. Les frais de vérifications d'experts seront réglés par le préfet, sur l'avis du sou-préfet.

XVIII. Ils seront supportés, savoir :

Par la commune, lorsque la réclamation aura été reconnue juste ;

Par le réclamant, lorsque la réclamation aura été rejetée.

XIX. Les frais à la charge de la commune, seront imposés sur le rôle de l'année suivante, avec les centimes additionnels, et comme charge locale.

XX. Ceux à la charge des contribuables, seront acquittés par eux, en vertu de l'ordonnance du préfet, entre les mains du percepteur.

XXI. Le percepteur fera néanmoins, dans tous les cas, l'avance de ces frais aux experts, sur le produit des centimes additionnels de la commune.

XXII. Les ordonnances de décharge ou réduction, seront rendues par le préfet : elles énonceront les motifs de la pétition, l'avis du directeur et le prononcé du conseil de préfecture.

XXIII. Les ordonnances seront remises au directeur, et par celui-ci au receveur particulier ; qui les transmettra au percepteur. Le directeur en préviendra, par une lettre d'avis, la partie intéressée qui se rendra chez le percepteur, pour quittancer l'ordonnance, après en avoir reçu le montant.

TITRE II.

REMISES ET MODÉRATIONS.

XXIV. Lorsque par des événemens extraordinaires, un contribuable aura éprouvé des pertes, il remettra sa pétition au sous-préfet, qui la renverra au contrôleur de l'arrondissement.

XXV. Le contrôleur se transportera sur les lieux, vérifiera, en présence du maire, les faits, et constatera la quotité de la perte des revenus fonciers, ou des facultés mobiliaires du réclamant, et en dressera un procès-verbal, qu'il enverra au sous-préfet : celui-ci le fera parvenir, avec son avis, au préfet qui prendra l'avis du directeur des contributions.

XXVI. Lorsqu'une commune aura éprouvé des pertes de revenus par des événemens extraordinaires, elle remettra aussi sa pétition au sous-préfet, lequel nommera deux commissaires pour vérifier, en présence du maire, conjointement avec le contrôleur de l'arrondissement, les faits et la quotité des pertes.

XXVII. Le contrôleur dressera un procès-verbal de la vérification, l'enverra au sous-préfet, qui le fera passer, avec son avis, au préfet, lequel prendra l'avis du directeur des contributions.

XXVIII. Le préfet réunira les différentes demandes qui lui auront été faites, dans le cours de l'année, en remises ou modérations ; et, l'année expirée, il fera, entre les contribuables, ou les communes dont les réclamations auront été reconnues justes et fondées, la distribution des sommes qu'il pourra accorder, d'après la portion des fonds de non-valeur mise à sa disposition pour cet objet.

Cet état de distribution sera communiqué par le préfet au conseil général du département.

XXIX. Sur les cinq centimes imposés additionnellement aux deux contributions foncière et personnelle, moitié est à la disposition du préfet de chaque département, pour être employée aux remises et modérations, conformément à l'article précédent.

L'autre moitié restera à la disposition du gouvernement, et est destiné, 1°. à accorder des supplémens de fonds à ceux des départemens auxquels le *maximum* des centimes additionnels ne suffiroit pas pour faire face à leur dépense ; 2°. à accorder des remises et modérations aux arrondissemens et aux départemens qui éprouveroient des accidens majeurs.

XXX. Le ministre des finances est chargé de l'exécution du présent, qui sera imprimé au Bulletin des Loix.

En l'absence du premier consul, le second consul,

Signé CAMBACÉRES.

Par le second consul,

Le secrétaire d'état, signé HUGUES B. MARET.

Le ministre des finances, signé GAUDIN.

M 3

REMPLACEMENT.

Si dans une commune où il n'y a qu'un seul commissaire de police, celui-ci vient à s'absenter, ou s'il éprouve quelques empêchemens dans l'exercice de ses fonctions, c'est le maire de la commune la plus prochaine qui remplace ce commissaire de police. *Loi du 3 brumaire an 4, art. 35.*

RÉPARTITEURS.

Les répartiteurs sont les citoyens chargés de faire entre les contribuables la répartition du contingent de la commune pour les impositions foncière, personnelle, mobiliaire et somptuaire.

Les loix des 18 prairial et 14 thermidor an 5, admettoient deux espèces de répartitions, l'une pour la contribution foncière, l'autre pour la contribution personnelle, sous le nom de juri d'équité: mais la dernière loi du 3 nivose an 7 fait disparoître cette différence, en confiant la répartition des contributions personnelle, mobiliaire et somptuaire, aux répartiteurs nommés pour la contribution foncière en ces termes :

« Les répartiteurs chargés en exécution du titre 2 de la loi du 3 frimaire dernier, de la répartition de la contribution foncière, sont pareillement chargés, chacun en ce qui le concerne, d'opérer la répartition de la contribution personnelle ; mobiliaire et somptuaire de l'an 7 ». *Loi du 3 nivose an 7, art.* 1.

Les répartiteurs sont au nombre de 7, à la tête desquels se trouvent, de droit, le maire et l'adjoint.

A l'égard des cinq autres, ils doivent être choisis par le maire parmi les contribuables fonciers du canton, dont deux au moins doivent être domiciliés hors de la commune, s'ils s'en trouvent de tels. *Loi du 3 frimaire an 7, art.* 9.

Lorsque le maire a fixé le choix des cinq répartiteurs, leur nomination doit être notifiée, par le sous-préfet, dans les cinq jours de sa date. *Ibid. art.* 12.

Les fonctions de répartiteurs ne peuvent être refusées que pour les causes déterminés. Voyez *la loi du 3 frimaire an 7. art.* 13 *et suivans, jusqu'à* 24.

A l'égard des fonctions des répartiteurs et du mode de leur travail, voyez les articles *contribution foncière, contribution personnelle, livre de mutation.*

R E S P E C T.

Un maire ou son adjoint qui est troublé dans ses fonctions d'une manière outrageante doit sur le champ requérir la force armée pour se saisir du coupable, et le constituer en état d'arrestation.

Il est autorisé à cette mesure de sévérité par la loi du 22 juillet 1791, sur la police correctionnelle qui s'explique ainsi :

« Les outrages ou menaces par paroles ou par gestes faits aux fonctionnaires publics dans l'exercice de leurs fonctions, seront punis d'une amende qui ne pourra excéder dix fois la contribution mobiliaire, et d'un emprisonnement qui ne pourra excéder deux années.

» La peine sera double en cas de récidive.

» Les mêmes peines seront infligées à ceux qui outrageroient ou menaceroient par paroles ou par gestes, soit les gardes nationales, soit la gendarmerie nationale, etc. *Tit.* 2, *art.* 19 *et* 20.

» Les coupables des délits mentionnés aux articles ci-dessus 19 et 20 du présent décret , seront saisis sur-le-champ et conduits devant le juge de paix. *Même tit.*, *art.* 21.

RESPONSABILITÉ.

La responsabilité peut se considérer sous les deux rapports suivans :

§. I.

De la responsabilité personnelle des maires et adjoints.

Les fonctions de maire entraînent une responsabilité personnelle en beaucoup d'occasions , soit pour avoir excédé ses pouvoirs, soit pour cause de négligence et d'inaction.

« Tout administrateur de départe-
» ment , ou de canton, officier de police
» judiciaire, accusateur public, juge,
» commissaire du directoire exécutif,
» tout individu faisant partie de la gen-
» darmerie nationale, qui n'exécutera
» pas ponctuellement , en ce qui le
» concerne, les loix relatives aux déser-

» teurs , aux fuyards de la réquisition et
» à leurs complices , ou qui en empê-
» chera ou entravera l'exécution , sera
» puni de deux années d'emprisonne-
» ment. » *Loi du 24 brum. an 4 , art.* 1.

« Tout fonctionnaire public convaincu
» d'avoir favorisé la désertion , empêché
» ou retardé le départ des déserteurs ou
» des citoyens de la première réquisi-
» tion , soit par des écrits. soit par des
» discours , sera , outre l'emprisonne-
» ment, condamné à une amende qui
» ne pourra être moindre de 500 fr., ni
» excéder 2000. Il sera de plus, destitué
de ses fonctions ». *Même loi , art.* 2.

La loi du 4 thermidor an 3 , déclare
le maire personnellement responsable
des événemens désastreux survenus dans
les foires et marchés de sa commune,
dans le cas où il seroit constaté qu'il
n'a pas fait tout ce qui étoit en son
pouvoir, pour prévenir ou arrêter le
désordre.

Nous ne pousserons pas plus loin
l'examen des divers cas qui donnent
ouverture à la responsabilité des maires,
parce qu'on les trouve rappelés aux articles *amende, destitution, dommages et
intéréts, fers, mariages* et *suspension.*

§. I I.

Responsabilité des communes.

Il y a des cas où la loi rend toute une commune responsable des délits qui ont été commis sur son territoire. La loi du 6 brumaire an 5, art. 7, met les propriétés des défenseurs de la patrie et des autres citoyens absens pour le service public, sous la surveillance des maires et adjoints de chaque commune, et rend les communes responsables des atteintes portées à ces propriétés, quand elle ne les auront pas prévenues, ou repoussées, conformément aux loix existantes.

Mais la loi du 10 vendémiaire an 4, étend plus loin encore la responsabilité des communes, en l'appliquant à tous les attentats commis sur les personnes et propriétés, sans distinction d'absens ni de présens, en ces termes :

« Chaque commune est responsable
» des délits commis à force ouverte et
» par violence, sur son territoire, par
» des attroupemens ou rassembl. mens
» armés ou non armés, soit envers les

» personnes, soit contre les propriétés » nationales ou privées ; ainsi que des » dommages et intérêts auxquels ils don- » neront lieu ». *Loi du 10 vendémiaire an 4. tit. 4, art. 1.*

Voici les dispositions de la loi qui doit servir de guide au maire.

« Lorsqu'un délit de la nature de ceux exprimés aux articles précédens, aura été commis sur une commune, les officiers municipaux, ou l'agent municipal seront tenus de faire constater sommairement, dans les 24 heures. et d'en dresser procès-verbal sous trois jours au plus tard, au commissaire du pouvoir exécutif, près le tribunal civil du département. » *Loi du 10 vendémiaire an 4, tit. 5, art. 2.*

Le maire ne doit pas s'en tenir à ce procès-verbal ; il est d'ailleurs obligé de remplir ses fonctions d'officier de police municipale ou de police judiciaire. *Même art.*

Sur le vu des procès-verbaux et autres pièces servant à constater les voies de fait, excès et delits, le tribunal civil du département fixe les dommages et intérêts dont la commune est tenue. Cette fixation doit être faite dans la décade, au plus tard, qui suit l'envoi des procès - verbaux. *Même titre , art. 4 et 5.*

Ces dommages et intérêts ne peuvent jamais être moindres que la valeur entière des objets pillés et choses enlevées. *Même tit. art. 6.*

Le jugement du tribunal civil du département, portant fixation des dommages et intérêts , à la charge de la commune, doit être envoyé dans les 24 heures, par le commissaire du gouvernement au préfet, qui sera tenu de l'envoyer, sous trois jours au maire de l'arrondissement. *Même tit. art. 7.*

Le maire est tenu de verser le montant de ces dommages et intérêts dans la caisse du département, dans le délai d'une décade ; et, à cet effet , il doit faire provisoirement contribuer les vingt plus forts contribuables résidant dans la commune. *Même loi, art. 8.*

Dans la décade du versement dans la caisse du département, le préfet fera remettre les deniers aux parties intéressées.

A l'égard du remboursement dû aux vingt plus forts contribuables, qui ont fait les avances, il se fait par la voie d'une répartition imposée par le maire, entre tous les habitans de la commune, d'après le tableau des domiciliés, et en raison des facultés de chaque habitant. *Même titre, art.* 9.

En cas de réclamation d'un ou plusieurs contribuables, le maire est autorisé à statuer sur les réductions convenables. *Même tit., art.* 10.

Chaque contribuable est tenu de fournir son contingent dans la décade, sinon, le maire doit requérir la force armée, pour s'en procurer le paiement par la voie de la force armée, aux frais des contribuables. *Même tit., art.* 11.

Néanmoins, il y a des modifications qui peuvent venir au secours de la commune ou de quelques-uns de ses habitans, pour écarter la responsabilité, ou en diminuer la charge.

Par exemple, si le rassemblement a été formé d'habitans de plusieurs communes, la responsabilité se partage entre elles toutes, tant pour les dommages et intérêts que pour l'amende. *Même loi, tit.* 4, *art.* 3.

Si, parmi les habitans d'une commune, il s'en trouve qui n'aient pas participé au délit, ils ont leur recours en garantie contre les auteurs et complices , en le faisant ainsi ordonner contre eux , en justice réglée. *Même loi, tit. 4, art. 4.*

Dans le cas où le rassemblement auroit été formé d'individus étrangers à la commune, celle-ci est déchargée de responsabilité, si elle peut parvenir à prouver qu'elle avoit pris toutes les mesures qui étoient en son pouvoir, pour prévenir le délit et en faire connoître les auteurs. *Même loi, tit. 4, art. 5.*

RÉUNION DE COMMUNES.

Il faut une loi particulière pour réunir une commune à une commune, soit une portion d'une autre commune. Cette réunion ne s'opère que sur l'avis des corps administratifs, du ministre de l'intérieur et des consuls. *Loix des 7 messidor an 2, et 2 brumaire an 6.* Voyez *Transport de contributions.*

RÔLE DE CONTRIBUTIONS.

Lorsque le rôle des contributions est clos et arrêté dans les formes prescrites, il devient entre les mains du percepteur un titre légal, pour en poursuivre l'exécution contre chacun des contribuables. Mais auparavant, il y a une formalité à remplir, c'est celle de la publication et de l'affiche dans la commune, de la mise au recouvrement.

A partir de cette époque, il n'y a que trois mois pour se pourvoir en décharge ou réduction. *Loi du 3 nivose an 7, art. 58 et 60.*

S A I S I E.

La saisie de faux poinçons chez les marchands ou fabricants d'ouvrages d'or et d'argent, ne peut être faite par les employés d'un bureau de garantie, en présence du maire. *Loi du 19 brumaire an 6, art. 101. Voyez assistance, visite.*

S A L P Ê T R E.

Voyez *démolition, poudres.*

La nécessité de se procurer des matières salpêtrées pour la fabrication de la poudre de guerre, a introduit la fouille forcée des terres.

Nous avons indiqué au mot *démolition*, les obligations imposées aux propriétaires qui font démolir.

Les salpêtriers commissionnés du gouvernement sont autorisés à prendre, comme par le passé, les terres et matériaux salpêtrés qui se trouvent dans les granges, écuries, bergeries, remises et autres lieux couverts (à l'exception de ceux servant d'habitation personnelle), des caves et celliers contenant du vin, des boissons ou des marchandises, des aires de grange en argile ou glaise. *Loi du* 13 *fructidor an* 5, *art.* 4.

Les salpêtriers, en faisant les fouilles, ne peuvent creuser à plus de 11 centimètres, ou quatre pouces de profondeur, contre les seuils, poteaux et autres ouvrages en bois, et à plus de 22 centimètres ou 2 pieds, tant des seuils et poteaux que des fondations des murs.

Ils sont, en outre, tenus de remettre en place les terres qu'ils auront lessivées, et sont responsables des dégradations qu'ils ont occasionnés. *Ibid, art.* 5.

Le maire est chargé de protéger le service des fouilles, mais en même tems de veiller à ce qu'il ne soit, à cet égard, exercé aucune vexation contre les citoyens. *Ibid, art.* 7.

Après l'achèvement de la fouille le salpêtrier qui n'est pas domicilié dans la commune, ne peut transporter ailleurs ses ustensiles, avant qu'il soit constaté qu'il n'y a aucune réclamation contre lui.

En cas de plaintes, elles sont adressées au juge de paix du canton. *Ib., art* 9 *et* 10.

S C E L L É S.

L'apposition des scellés semble être réservée aux juges de paix ; néanmoins, il y a une occasion où les fonctions d'officiers de police judiciaire entrent quelquefois dans celles du maire, lorsqu'il s'agit de fabrication ou de distribution de fausse monnoie. Voyez *fausse monnoie.*

Lorsque cette apposition est effectuée, le maire est tenu d'en donner avis sur-le-champ au directeur du jury et à l'accusateur public. *Loi du* 1 *brumaire an* 2, *article* 5.

S E C O U R S.

Le maire, en cas d'incendie, ou autres fléaux calamiteux, est autorisé à mettre les citoyens en réquisition, pour venir au secours, et à dresser un procès-verbal des refus qu'il éprouveroit à cet égard.

Son procès-verbal doit être envoyé au sous-préfet, et celui-ci traduit le délinquant au tribunal de police municipale, pour y être condamné à l'amende. *Loi du 22 juillet 1791, titre 1, article 17. Voyez accidens, épizootie.*

Les citoyens doivent, par le seul sentiment naturel, se prêter mutuellement secours au besoin ; mais cette obligation est encore fortifiée par les dispositions des loix positives.

Il suffira de citer quelques exemples qui pourront s'appliquer à des circonstances analogues.

Lorsqu'il s'agit d'exécuter l'enfouissement prescrit par la loi du 6 octobre 1791, le maire est autorisé à requérir l'assistance d'un autre propriétaire, et même à appeler tous les ouvriers nécessaires, à peine de 5o francs d'amende contre les refusans. Voyez *animaux morts* et *enfouissement.*

Les maçons, charpentiers, couvreurs, plombiers et autres ouvriers sont tenus, au premier avis qui leur est donné de quelque incendie dans la commune, et à la réquisition du maire, de se transporter à l'instant sur le lieu où sera l'incendie, et d'y faire transporter leurs compagnons, ouvriers et apprentis, avec les outils et ustensiles nécessaires pour aider à éteindre le feu, à peine de 5oo francs d'amende contre chacun des maîtres, et de prison contre les compagnons, ouvriers et apprentis. *Ordonnance de police du 15 novembre 1781.*

Quand la culture des terres est en souffrance par les infirmités, l'indigence ou l'absence du propriétaire, il est du devoir du maire de provoquer les secours des habitans de la commune, tant pour les labours et semailles que pour la récolte.

Voyez les mesures qui sont introduites à cet égard aux articles : *absens* et *agriculture.*

SÉPULTURES.

Nous avons vu dans différens articles ci-dessus, quelles étoient les formalités requises ; il nous reste à observer que cette inhumation doit être faite sans distinction, dans le lieu public indiqué pour cette destination, sans aucune distinction de personnes, et sans avoir égard aux opinions religieuses qu'elles ont professées. *Loi du 12 frimaire an 2.*

Quant au mode de cérémonies civiles qui doit accompagner l'inhumation des citoyens, rien n'a été encore déterminé jusqu'à présent, si ce n'est que l'inhumation doit être effectuée sous l'assistance d'un commissaire civil, d'où il faut conclure que cette fonction fait partie des devoirs des maires.

STÈRE.

C'est la mesure introduite dans le nouveau système des poids et mesures, pour le bois de chauffage. Le stère équivaut à une demi-voie de Paris ; il se prête facilement aux usages journaliers, sans fatiguer la mémoire.

En effet, le double stère remplacera la voie de bois. A l'égard des autres dénominations de kilostères, myriastères, décistères, etc., il n'y a guères d'ocsions où ils seront nécessaires. Voyez *mesures républicaines.*

S U B S I S T A N C E S.

La libre circulation des subsistances a toujours été considérée comme un des objets les plus importans à la tranquillité publique.

La loi du 21 prairial an 5, prononce une amende et l'emprisonnement de six mois, contre ceux qui seroient convaincus d'avoir porté atteinte à la circulation des grains. *Art.* 2.

Mais ce qu'il est important d'observer, c'est que les mêmes peines sont prononcées contre les maires ou autres fonctionnaires publics « qui n'auroient pas » fait tout ce qui est en leur pouvoir, » pour empêcher l'arrestation des sub- « sistances. » *Même loi, art.* 3.

S U R V E I L L A N C E.

La loi place plusieurs objets sous la surveillance des maires et adjoints, tels que : 1°. Les propriétés des défenseurs de la patrie ; 2°. Celles des citoyens absens pour le service public. *Loi du 6 brumaire an 5, art. 7.* 3°. La nourriture des détenus. Voyez *prisons*.

Lorsque dans le cours de l'exercice de ses fonctions, le maire acquiert la connoissance ou reçoit la dénonciation d'un délit de nature à être puni, soit d'une amende au-dessus de la valeur de trois journées de travail, soit d'un emprisonnement de plus de trois jours, soit d'une peine afflictive ou infamante, il est tenu d'en donner avis sur-le-champ au juge de paix de l'arrondissement dans lequel il a été commis, ou dans lequel réside le prévenu, et de lui transmettre tous les renseignemens, procès-verbaux et actes qui y sont relatifs. *Loi du 3 brumaire an 4, art.* 83.

Le juge de paix doit lui en accuser la réception le jour suivant. *Même loi, art.* 84.

S U S P E N S I O N.

Les consuls et les préfets ont le droit de suspendre de leurs fonctions les maires et adjoints de leur arrondissement, con-

formément à l'article 18 et 20 de la loi
du 28 pluviose an 8.

Les loix indiquent différens cas où
cette suspension doit avoir lieu ; par
exemple :

1°. Dans le cas où le maire auroit
négligé de donner au juge de paix du
canton , avis du décès d'un individu
qui laisseroit parmi ses héritiers des mineurs ou des absens. *Arrêté du directoire exécutif , du 22 prairial an 5.*
Voyez *absens.*

2°. En cas de refus de sa part, d'assister
les gardes champêtres et forestiers dans
leurs perquisitions chez des particuliers.
*Arrêté du directoire exécutif , du 4
nivose an 5 , art. 3. Voyez assistance.*

3°. En cas de négligence de faire arrêter sur-le-champ les colporteurs qui
publieroient les papiers-nouvelles autrement que par leurs titres. *Loi du 5 nivose an 5. Arrêté du directoire exécutif , du 15 frimaire an 6.* Voyez *colporteurs.*

Lorsqu'un maire a laissé expirer le
mois de vendémiaire sans rendre au
conseil municipal son compte des dépenses

penses et recettes communales de l'année, le préfet doit le dénoncer au commissaire du gouvernement près le tribunal civil du département, après avoir néanmoins obtenu à cet effet l'autorisation du directoire exécutif.

2°. Le maire est préalablement suspendu de l'exercice de ses fonctions. *Loi du 11 frimaire an 7, art. 64. Voyez comptabilité, destitution.*

Tabac.

Tout fabricant de tabac est tenu de mettre sur le devant de sa fabrique un tableau portant son nom et sa profession, et de mettre son nom et le lieu de sa résidence sur toutes les enveloppes de tabac fabriqué, s'il en reçoit. *Loi du 22 brumaire an 7, art. 17.*

Les tabacs destinés à passer en pays étranger, doivent être accompagnés d'un certificat d'origine de la manufacture, et où ils ont été fabriqués. Ce certificat est délivré par le fabricant, et visé par l'administration de canton.

Lorsqu'ensuite ce certificat d'origine a produit son effet, par l'exportation des marchandises, il doit être déchargé par les préposés des douanes du bureau de sortie, et visé par l'administration de canton , soit par le maire ou l'adjoint de la commune où est situé ce bureau. *Ibid , art.* 23.

Tableau de population.

Tous les ans, il doit être fait dans chaque commune de la république, un tableau contenant les noms, âge, état ou profession de tous ses habitans au-dessus de l'âge de 12 ans, le lieu de leur habitation et l'époque de leur entrée dans la commune. *Loi du* 10 *vendémiaire an* 4, *tit.* 2 , *art* 2.

Le maire est chargé de former ce tableau.

A cet effet les maires remplissent, dans la décade, des modèles imprimés; ils doivent en envoyer, dans le même délai, un double à la préfecture. *Même titre , art.* 3.

Les maires qui n'exécuteroient pas les articles précédens, demeureront personnellement responsables des dommages et intérêts résultant des délits commis à force ouverte ou par violence sur le territoire de la commune. *Même titre , art.* 4.

Il y a encore un autre tableau qui doit être confectionné par le maire de chaque commune; c'est celui de tous les français de son arrondissement qui sont soumis à la conscription militaire, conformément à la loi du 19 fructidor an 6. Voyez *Conscription militaire.*

Nous n'avons parlé au manuel que de deux espèces; la loi du 3 nivose an 7, prescrit aux maires un troisième tableau, c'est celui de tous les habitans sujets à la taxe de luxe.

Ce tableau a dû être envoyé, dans les dix jours de la publication de la loi, au sous-préfet près l'administration municipale. *Loi du 3 nivose an 7, art.* 30. Voyez *certificat, taxe somptuaire.*

Taxe somptuaire *ou* de luxe.

La taxe somptuaire comprenoit autrefois les cheminées et les poëles ; elle tire son origine de la loi du 7 thermidor an 3 : mais ces objets ont été supprimés, et n'entrent plus dans la taxe de luxe.

Dans les dix jours de la publication de la loi, les agens municipaux et les répartiteurs de chaque commune ont du dresser le tableau des habitans de leur commune sujets à la taxe de luxe, et remettre ce tableau au commissaire du directoire exécutif près l'administration municipale, ou lui certifier par écrit qu'il n'y a pas eu matière à la taxe de luxe dans leur commune. *Loi du 3 nivose an 7 , art.* 3o.

Ce tableau a dû contenir les noms et prénoms des contribuables , leur demeure , la quantité et la désignation des domestiques employés à leur service , ainsi que des chevaux et mulets qu'ils ont en leur possession , et des voitures de luxe dont ils font usage, etc. Trois de ces colonnes sont réservées en blanc.

A la première séance de l'administration municipale , le commissaire du directoire exécutif doit présenter ce tableau, pour en faire remplir la première colonne, restée en blanc, du montant de la taxe , suivant le tarif annexé à la loi du 3 nivose.

Ce tableau parcourt , pour sa vérification, la même route que celui de la contribution personnelle et mobiliaire ; et quand il est de retour du département, arrêté et visé , le commissaire du directoire exécutif le remet au percepteur de la commune , pour en faire le recouvrement. *Loi du 3 nivose an 7 , art.* 3 , *et suiv.*

Timbre.

Aux termes des articles 56 , 6o et 61

de la loi du 9 vendémiaire an 6, tous journaux, affiches et affiches, autres que ceux émanés de l'autorité publique, doivent être timbrés, sous peine d'une amende de 100 francs pour chaque contravention contre les auteurs, afficheurs, distributeurs et imprimeurs desdits journaux et affiches, sauf leur recours les uns contre les autres, avec lacération des objets non revêtus du timbre.

Mais il n'appartient pas au maire d'exécuter d'office cette lacération. Ce qu'il doit faire se réduit à saisir la pièce en contravention, et à l'envoyer au sous-préfet, qui traduit les contrevenans en jugement, et fait prononcer la condamnation indiquée par la loi.

Les extraits des actes doivent être délivrés sur papier timbré. *Même loi, art.* 54.

La loi du 7 vendémiaire an 6, a été révoquée par celle du 13 brumaire an 7, qui abroge toutes les loix et dispositions des autres loix sur le timbre des actes civils et judiciaires, et des registres. *Loi du* 13 *brumaire an* 7, *art.* 39.

Mais il n'en faut pas conclure que les agens et adjoints municipaux se trouvent dégagés de la surveillance de police qui leur avoit été imposée par les articles 56, 60 et 61 de la loi du 9 vendémiaire, relativement aux journaux, feuilles et affiches. Cette attribution n'est pas comprise dans l'abrogation ; elle subsiste dans toute son étendue, parce que l'abrogation n'a porté que sur les dispositions fiscales. *Loi du 13 brumaire an 7, art. 39.*

TRANSPORT D'IMPOSITIONS.

Lorsqu'un canton a éprouvé la distraction d'une commune, ou lorsqu'un département a éprouvé le retranchement d'un canton, ce changement exige la réélection proportionnelle des contributions, et le transport de cette portion sur le canton ou sur le département qui a reçu l'accroissement.

Voici donc le procédé qui a lieu en pareil cas.

Dans les départemens où il a été distrait quelque commune d'un canton, pour la réunir à un autre canton du même département, le préfet est chargé de transporter sur le canton auquel la réunion a été faite, le montant des contributions foncière, personnelle, mobiliaire et somptuaire, etc. que la commune ou partie de commune réunie auroit dû supporter dans le canton dont elle a été séparée, et de dégréver d'autant ce dernier canton. *Loi du 24 germinal an 6, art.* 1.

S'il s'agit d'une distraction ou réunion de commune à commune, qui soient dans l'arrondissement de la même municipalité, c'est au maire à faire l'opération du transport de contribution.

Si la distraction a eu lieu d'un département sur un autre, le transport de la contribution et le dégrévement appartiennent aux consuls. *Ibid, art.* 3 *et* 4.

VENTE DE MEUBLES.

On s'appercevoit depuis long-tems qu'il s'étoit introduit dans les ventes de meubles et objets mobiliers, faites publiquement et par enchère, des abus qui étoient préjudiciables aux intérêts du trésor public, et même à la garantie des acheteurs. Ces abus ont donné lieu aux mesures suivantes :

Désormais, aucuns meubles, effets, marchandises, bois, fruits, récoltes ou tous autres effets mobiliers, ne pourront être vendus publiquement et par enchère, qu'en présence et par le ministère d'officiers publics ayant qualité pour y procéder. *Loi du 22 pluviose an 7, art.* 1.

Le maire ou l'adjoint ont quelquefois occasion d'intervenir dans l'exécution de cette loi, lorsqu'ils sont requis par les préposés de la régie de l'enregistrement de les assister dans leur transport sur le lieu de la vente, à l'effet de vérifier si les déclarations requises ont été effectuées. *Même loi, art. 8.*

V I S A.

Les procès-verbaux de perquisition faits en vertu de mandats d'arrêts, doivent être revêtus du visa du maire de la commune. *Loi du 3 brumaire an 4, art. 135.*

Les certificats d'origine des tabacs destinés à l'exportation, doivent être visés au bureau de sortie par le maire, l'agent ou l'adjoint de la commune où est situé le bureau. *Loi du 22 brumaire an 7, art. 33.* Voyez *tabac.*

V I S I T E S.

Le maire est autorisé à faire, dans sa commune, les visites qui sont de la compétence de la municipalité, en se faisant assister de deux voisins. *Loi du 13 fructidor an 5, art. 26.*

Les maires et leurs adjoints, concurremment avec les directeurs de jury,

les juges de paix et les commissaires de
police, sont autorisés à faire des visites
domiciliaires dans l'étendue de leur arrondissement, chez les personnes sus-
pectées de fabrication ou de distribution
de fausses monnoies. Voyez ci-dessus
fausses monnoies.

La visite domiciliaire est encore autorisée sur les dénonciations de vols.

Le maire peut entrer dans les maisons
des citoyens, pour la confection de l'état
des habitans, pour la vérification des
registres des logeurs, pour l'exécution
des loix sur les contributions directes,
ou en vertu d'ordonnances, ou enfin
sur le cri des citoyens. *Loi du 22 Juillet*
1791, *t't.* 1, *art.* 8.

Il peut faire des visites en tous tems,
dans les cafés, cabarets et autres lieux
publics, même dans les maisons de
jeux, sur la désignation de deux citoyens
domiciliés. *Même titre, art.* 9 *et* 10.

Ces visites ne peuvent avoir lieu dans
la nuit, si ce n'est dans le cas d'incendie, d'inondation ou de réclamation
venant de l'intérieur de la maison.

Dans tous les cas de visite domiciliaire, et préalablement à son exécution,
le maire doit rendre une ordonnance
qui désignera l'article de la loi, qui au-

torise la visite, les personnes chez les-quelles cette visite doit être faite, et quel en est l'objet. *Loi du 3 brumaire an 4, art. 543.*

Lorsque la visite ou la perquisition se fait en vertu d'une loi particulière, dans l'étendue de son arrondissement, le maire n'est tenu à aucune exhibition de titres, parce que la loi est censée notoire à chacun. *Même loi, art. 5.*

Si le maire effectue une visite par droit de suite hors de son ressort, il est tenu de représenter l'expédition de l'acte qui constitue sa qualité de maire, cette qualité n'étant pas légalement notoire aux habitans d'une commune étrangère. V. *droit de suite, lieux publics* et *accidens.*

VISITES ILLICITES.

Le maire doit borner ses visites aux cas qui lui sont indiqués par la loi; la moindre extension à cet égard seroit considérée comme une violation du domicile des citoyens, et un abus d'autorité.

« Les officiers de police qui, hors les cas indiqués par les loix, sans autorisation spéciale de la justice ou de police de sûreté, feront des visites ou recherches dans les maisons des citoyens, seront condamnés par le tribunal de police, et, en cas d'appel, par celui de district, à des dommages et intérêts, qui ne pourront être au-dessous de 100 fr., sans préjudice des peines prononcées par la loi, dans les cas de voies de fait, de violence et autres délits.» *Loi du 22 Juillet 1791, tit. I, art. 11.*

V O Y A G E U R S.

Le maire connoît les plaintes des voyageurs contre les postillons, soit pour refus de marcher, soit pour exaction, menaces ou insultes; la peine est d'un ou de trois jours de détention. *Loi du 6 nivose an 4, art. 4 et 5. Voyez Jurisdiction, Passeports, Postillons.*

V O I E R I E.

On entend par voierie la police des voies publiques. Elle se distingue en grande et petite voierie.

La petite voierie est celle qui concerne la sûreté, la propreté et la liberté des che- et chemins des communes, ainsi que les actes de surveillance qui constituent les fonctions d'un commissaire de police.

A l'égard de la grande voierie, elle embrasse des objets plus étendus, tels que la confection et la réparation des chemins, ponts et chaussées; le pavé, les plantations sur les grandes routes, les fossés qui les conservent; les carrières

qui souvent préjudicient à la sûreté des
chemins, les voitures trop chargées qui
en détruisent le pavé, les encombremens
qui gênent la liberté du passage.

Elle surveille aussi les constructions,
alignemens des édifices, les réglemens
de saillies, soit sur les routes, soit dans
les communes, etc.

La grande voierie étant attribuée aux
corps administratifs, par l'art. 6 du tit. 14
des décrets sur l'organisation judiciaire,
des loix des 11 septembre 1790, et 22
juillet 1791, art. 29, le maire doit donc
être instruit des loix et réglemens de cette
matière, pour être à portée de diriger sa
surveillance, et de dénoncer les contraventions.

Ce sont les mêmes réglemens qui
avoient lieu avant la révolution, dont
l'exécution a été provisoirement ordonnée par la loi du 22 juillet 1791, en
ces termes :

« Sont également confirmés provisoirement les réglemens qui subsistent, tou-
chant la voierie, ainsi que ceux actuellement existans à l'égard de la construction
des bâtimens, et relatifs à la solidité et à
la sûreté. » *Art 29, tit. 5.*

F I N.